10대 덕목 중심의
인성교육의 이론과 실제

10대 덕목 중심의
인성교육의 이론과 실제

김현미 · 장준걸 · 안진석 · 홍지연 · 박예린 · 신재한 지음

@ny class

차례

2부

인성교육의 실제

1부

인성교육의

이론

1

인성교육의 이해

1. 인성과 인성교육의 개념

가. 인성(人性)

인성이란 무엇일까? 인품, 인격, 성품, 성격, 인간성, 도덕성, 심성 등 유사한 말들이 너무나도 많이 있다. '인성'에 대한 사전적 의미는 '사람의 성품이나 개인이 가지고 있는 사고와 태도 및 행동 특성'이다. 그리고 일반적 통용되는 '인성'의 의미로는 '사회적으로 인정되는 바람직한 인간적 특성 또는 사람됨'을 말하기도 한다.

우리는 이러한 개념들을 모두 분류하여 규정할 수 있을까? 오랜 시간동안 우리는 이러한 모호한 인성의 개념을 가지고 혼용해 왔다. 그것은 누구의 탓으로 돌릴 문제가 아니라 우리 역사 및 전통과 관련이 깊다고 할 수 있다. 장성모(1996), 조연순(2007)은 인성이란 개념이 우리나라에서 오랜 유학의 전통 속에서 강조되며 명확한 정의를 내리려는 노력 없이 사용되어져 왔기 때문에 다양한 의미를 포괄하는 추상적인 개념으로 자리 잡았다고 분석하였다. 또한 우리 사회는 역사적으로 인성의 본

질에 대한 이해와 탐구보다 개인적 · 사회적 덕으로서 포괄적인 개념을 갖춘 인간

상을 추구해 왔기 때문이기도 하다. 그러나 인성교육의 구체적 실행과 교육 결과에

대한 평가 등을 위해 인성이 무엇인지에 대한 명확한 개념 규명이 필요하다.

그렇다면 오늘날 인성의 개념은 어떻게 정의되고 있을까? 여러 연구에서 제시되

고 있는 인성의 개념은 개별적 성격이나 기질로 이해되거나 인간관계나 감정을 지

칭하는 것으로 생각되어지기도 한다. 또한 여러 개념들을 포괄하는 상위개념으로

설명되어지기도 한다고 한다.(박성미, 허승희 2012)[1]

국내 · 외 연구에서 언급되어지고 있는 인성의 다양한 정의와 영역을 정리하면

아래 〈표1-1〉과 같다.

〈표 1-1〉 인성에 대한 학자들의 정의와 영역[2]

구분 학자	인성의 정의	영 역	
		자기	타인
김용래 (1990)	시간과 상황에 걸쳐 지속되며, 사람들을 구별해 주는 특징적인 사고, 감정, 행동의 양식	지속적인 사고, 감정	타인과 관련된 행동의 양식
남궁달화 (1999)	한 사람의 마음의 바탕과 사람됨의 바탕	마음	사람됨
이근철 (1996)	사람이 지니는 총체적인 성질을 표현하는 것으로 인격, 성격, 성질, 품격 등의 의미를 총괄적으로 내포	총체적 성질	총체적 성질
이성호 (1996)	좁게는 도덕성, 사회성 및 정서(감정)등을 의미하지만 그것을 좀 넓게 보면 인성은 지 · 덕 · 체 또는 지 · 정 · 의를 모두 골고루 갖춘 전인성을 의미	도덕성, 정서(감정)	사회성
이윤옥 (1998)	다른 사람에게 주는 그 사람이 전체적인 인상으로, 성품, 기질, 개성, 인격 등 가치개념의 의미를 내포	기실, 개성, 인격	타인에게 주는 인상

윤운성 (1998)	지·정·의를 포함하는 마음과 가치 지향적인 행동을 포함하는 특정한 반응양식의 개념이다.	가치 지향적인 행동	특정한 반응양식
한국 교육 학회 (1998)	인성이란 사람의 마음의 바탕이 어떠하며, 사람된 모습이 어떠하다는 것을 말하는 개념으로 사람의 '마음'과 '사람됨'이라는 두 가지 요소로 이루어진다고 할 수 있다. (특정적인 반응양식 내지 행동양식) 환경에 대응하면서 나타나게 되는 행동 등의 총합	마음과 사람됨 (행동양식)	타인 속에서의 사람됨 (반응양식)
황의연 (1992)	환경에 대응하면서 나타나게 되는 행동 등의 총합	개인이 환경에 적응	환경 속에 타인이 포함
Sullivan (1968)	인간생활을 특징짓는 재현적, 인간 상호적 장면의 지속적 유형	재현적	인간상호적
Guilford (1969)	인성을 대단히 광범위한 용어로 사용하면서 인간의 모든 개인적 특성 즉 개인의 신체적 특성, 지적 특성, 흥미들을 모두 포함	개인적 특성	
Rogers (1977)	인성을 우리 모든 경험의 중심이 되는 자아 즉 조직된, 항구적인 그리고 주관적으로 지각된 실체(entity)	자아, 주관적 실체	
Gordon (1981)	한 개인의 진짜 모습 즉, 그의 활동을 지시하고 이끌어가는 내부에 있는 그 어떤 것	내부의 어떤 것	
Erikson (1965)	인간은 일생 동안 여러 단계의 심리사회적 위기를 당면한다고 보고, 인성이란 그에 따른 결과로서 기능을 하는 것	심리적 위기 극복	사회적 위기 극복
Kelly (1974)	개인이 자기의 생활 경험으로부터 스스로 의미를 만들어가는 자기 나름의 독특한 방법	자기의 독특한 방법	경험 속에서 타인과의 관계

1) 박민서(2015). 초등학교 교사들이 생각하는 창의·인성교육에 대한 암묵적 이론 탐색 연구. 성균관대학교 석사학위논문
2) 진흥섭(2003). 인성교육을 위한 인성 덕목의 요인분석. 인천교육대학교 교육대학원 석사학위논문

인성은 매우 포괄적인 개념을 내포하고 있기 때문에 다양한 과점으로 정의될 수 있다. 위의 여러 연구자들이 말하고 있는 인성의 정의는 다소 차이를 보이고 있지만 그 공통점을 살펴보면, 인성을 개인적 특성이며 지적, 정의적, 행동적 영역을 총체적으로 지칭하고 있다는 것을 알 수 있다. 그리고 인성은 선천적으로 가지고 태어나는 것이 아니라 후천적 노력과 환경에 의해 변할 수 있는 것이며 특히 인성의 범위를 개인적 영역뿐만 아니라 시공간적인 타인과 관계를 통해 단계적으로 성숙해 나가는 것으로 정의하고 있다.

지은림 외(2014)는 인성 영역 중 개인적 차원을 다시 개인 내, 개인 간으로 구분하여 개인적 차원, 대인 관계적 차원, 사회(세계)적 차원의 3단계로 세분화하여 〈표 1-2〉와 같이 제시하고 있다.

〈표 1-2〉 상황 수준별에 따른 인성 구성 요소(지은림 외, 2014)[3]

구분	개인적 차원	대인관계적 차원	사회(세계)적 차원
정범모 (1992)	높은 지력 예민한 인간적 감수성 투철한 가치관 굳센 의연성		넓은 국제시야와 미래 전망
Lickona (1993)	도덕적 자각, 도덕적 가치 인식, 도덕적 추론, 의사 결정, 자아에 대한 지식, 양심 선을 사랑하는 마음 자아통제 및 겸손	관점의 조망 감정이입 의사소통, 경청, 협동 자신의 의사를 표현하는 능력	

3) 지은림 · 이윤선 · 도승이(2014). 인성측정도구 개발 및 타당화. 윤리교육연구, 35, 151-174.

조연순 외 (1993)	자신감 자아수용 자기표현 자기통제	권위의 존중과 수용 예의범절 효/사랑/배려 정직/신뢰 준법정신/봉사정신 협동정신	책임감 정의감 애국심 환경보호의식
Pearson & Nicholson (2000)	책임 자제 용기 자아존중	정직 존중 친절 감정이입	공정성 정의 시민의 덕
조난심 외 (2004)	성실 정직 자주 절제 자기주도성 사고의 유연성	예절 협동/준법/책임 타인배려 효도/경애 관용(개방성)	정의 공동체 의식 민족애 인류애 타문화 이해 생명존중
강선보 외 (2008)	도덕성 전일성 영성 창의성	관계성	민주시민성 생명성
박성미, 허승희 (2012)	긍정적인 생활태도 심리적 소양 도덕적 판단력	타인에 대한 존중 타인에 대한 용서와 관용	사회구성원으로서의 역할과 책임 세계시민의식

이렇듯 인성의 구성요소들은 우리가 말하는 도덕, 덕목, 역량 등의 용어와 매우 유사함을 알 수 있다. 앞서 말했듯이 여전히 인성의 개념을 명확히 하기 란 쉽지 않다. 하지만 위의 인성 구성요소에서 볼 수 있듯이 인성이란 인간이 타고난 성질만을 의미하는 것이 아니라, 나를 넘어 타인 그리고 사회 속에서 살아가기 위해서 갖추어야 할 중요한 인간의 기본적 자질이라 할 수 있다.

나. 인성교육

　인성의 개념은 오랜 세월 다양한 의미로 사용되어 왔고 그 범위 또한 광대하다. 하지만 인성의 의미를 어떻게 파악하더라도 우리 인간이 지향하고 성취해야 하는 인간다운 면모, 성질, 자질, 성품, 덕성이라는 의미가 부분적 또는 전체적으로 내포되어 있다. 또한 인성이란 부분적으로는 선천적으로 타고나는 기질임과 동시에 후천적인 노력에 의해서 만들어지거나 변화할 수 있다. 그리고 이러한 후천적 변화를 위한 노력을 교육이라 부르고 있다. 따라서 인성을 대상으로 그 변화를 위해 제공되는 일련의 교육이 바로 '인성교육'이다. 하지만 인성의 개념과 범위가 광범위한 것과 마찬가지로 인성교육에 대한 개념도 시대의 흐름이나 연구자의 관점 등에 따라 다양하다. 인성교육의 개념은 정리하면 〈표 1-3〉과 같다.

〈표 1-3〉 인성교육의 개념[4]

출처	인성교육의 개념
김동위(1993). 청소년의 인간화 교육. 서울 : 교육과학사.	현대적인 휴머니즘의 핵심적인 요인들을 기초로 하여 인격을 깨우쳐 주는 교육이거나 또는 현대사회의 비인간화 현상을 극복하고자 하는 교육의 목표, 내용, 방법 등의 총칭
조난심(1997). 한국 교육의 신세기적 구성. 서울 : 한국교육개발원.	인간다운 인간을 기르기 위하여 인간다운 품성을 함양시키는 교육
교육부(2002). 중등학교 교육과정 해설. 교육부. p.18	도덕성, 사회성, 정서를 포함한 바람직한 인간으로서의 성품을 기르는 교육
Hoge, J. (2002). Character education, citizenship education, and the social studies. Social Studies, 93(3), 103–108.	바람직한 인간의 자질과 특성 개발에 영향을 주는 의식적, 외현적 노력
남궁달화(2003). 교과를 통한 인성교육. 한국실과교육학회 하계학술대회 논문집. pp.1–28.	마음의 발달을 도모하고, 자아실현을 가능하게 하며, 더불어 살기 위해 알아야 할 것을 가르치는 것

한국교육개발원(2004). 인성교육. 서울 : 문음사. p.8	덕성을 바탕으로 교양과 능력을 겸비한 인간으로 기르는 교육
현주 외(2009). 학교 인성교육 실태분석 연구. – 중학교를 중심으로 –. 한국교육개발원.(재인용) [미래교육부(2007) 용역과제]	사람들이 가족, 친구, 이웃, 지역사회, 국가의 일원으로 함께 살아가고 일하는 데 도움을 주는 바람직한 사고와 행동의 습관화를 위한 일련의 교육
미교육부(2008). Partnerships in characrer education state pliot projects, 1995–2001. lesson learned.	사람들로 하여금 가족, 친구, 이웃, 지역사회, 국가의 일원으로 함께 살고 일하도록 하는데 도움을 주는 사고와 행동의 습관을 가르치는 것

위와 같은 연구자들의 정의를 바탕으로 인성교육의 개념을 정리하자면 인성교육이란 '인간으로서 필요한 올바른 덕성을 바탕으로 타인과 사회 속에서 함께 어울리며 살아갈 수 있는 사고와 행동의 습관을 가르치는 교육'으로 정리할 수 있다.

2. 인성 발달의 이론과 단계

인성이란 개념은 지극히 개인적인 특성이며 사람마다 다른 모습을 띨 수 밖에 없다. 이는 인성이 개인마다 가지는 지능, 성격, 태도, 흥미, 습관, 가치관처럼 개별적인 특성이기 때문이다. 올바른 인성 교육을 위해 우리는 인성이 어떤 형태로 발달되어 가는지 살펴보아야한다. 앞서 말한 바와 같이 인성이 지극히 개별적인 특성이라는 점을 고려할 때 인성의 발달은 사람마다 살아가는 환경이나 생활의 차이에 따라 다

---

4) 정창우(2015), 『인성교육의 이해와 실천』, 교육과학사

른 발달모습을 보인다고 할 수 있다.

많은 학자들이 인성의 성장과 발달에 대한 연구를 거듭해 왔다. 이는 크게 두 가지로 분류하여 설명할 수 있는데, 첫 번째는 인간이 성장하면서 나타나는 어떤 행동을 기준으로 발달내용을 분석하는 성격론이며, 두 번째는 연령에 따른 행동의 특징과 변화를 중심으로 발달내용을 분석하는 단계론이 있다.(이성진 외 1986) 이 중 우리는 교육이 특정한 시기의 아동들을 대상으로 변화와 성장을 목표로 한다는 점에서 단계론적 접근이 더 적합하다고 생각한다. 그래야만 같은시기의 모든 학생을 이해할 수 있는 특징을 이해하고 분석하여 적합한 인성교육을 실현할 수 있기 때문이다. 단계론과 관련한 인성발달의 몇 가지 원리를 살펴보면 다음과 같다.

첫째, 인성 발달은 학습의 상호작용이다. 인간의 성장이란 생물학적 성장의 결과로 나타나는 변화를 의미하며, 학습은 주로 경험의 결과로 나타나는 변화를 뜻한다고 할 수 있다. 결국 인간의 성장을 위해서는 학습과 경험을 통해 환경과 상호작용하며 인성을 형성한다고 할 수 있다. 이는 인성이 일반적인 수용과 학습의 과정이 아니라 유기적인 상호작용의 과정을 통해서 형성되어진다는 점에 중점을 두고 있다.

둘째, 인성의 발달은 연령 증가에 따라 발달 경향의 예측이 점점 어려워진다. 인성의 발달에는 분명 개인별 시간차가 존재하지만 대부분의 아이들이 발달해가는 모습 자체는 상당히 비슷한 계열성을 띈다고 할 수 있다. 매우 어린 아이들의 행동 순차성은 마치 시간표와 같다는 것이 미국 Hoppi인디언의 두 종족의 연구에서 밝혀졌다.(Dennis &Dennis, 1940) 어린 아이들의 성장 모습이나 태도는 환경의 영향을 비교적 많이 받지만 전차 성장을 거듭하여 고등학교 학령정도에 이르면 환경의 영향은 행동을 결정하는 주요인으로는 작용하지 않는다는 것이다

셋째, 인성은 아동의 성장과 함께 전체적인 반응으로부터 특수한 반응으로 분화되어 발달한다. 어린 아동들에게 미치는 성숙요인은 행동의 인과성이나 예언 가능성에도 나타나지만 행동의 형태에도 나타난다. 유아들의 반응은 전체적이며 성장함에 따라 특수하고 분화된 형태의 반응으로 나타나게 된다.

넷째, 인성의 발달 속도에는 개인차가 있다. 인성도 다른 발달과 마찬가지로 아동들마다 성숙도에 있어 시간차를 보이기도 하며 인성 내에서도 특정한 부분이 다른 부분보다 빨리 성숙하기도 한다. 예컨대 지적 발달의 요인 중에서도 각 요인에 따라 그 발달 속도가 다르다는 증거가 많이 나타나고 있다. 아동의 매순간의 경험은 발달의 내용과 속도를 달리하게 한다. 이와 같은 계속적인 변화가 곧 아동들마다 개별성을 갖게하여 때로는 다루기 힘들거나 특수한 성격을 형성하기도 한다. 때문에 아동마다 보편적인 인성교육을 실현하기 어렵게 만드는 경우가 생기고 있다.

이와 관련해 인성(人性)의 주축을 이루는 지(知),정(情),의(意) 영역의 발달 특징 중 지(知)적 영역의 발달에 중점을 두고 살펴보고자 한다. 사실 지(知)적 발달은 정(情)적, 의(意)적 발달과 밀접한 관련성을 가지고 발달하고 있다. 정(情)적 발달이 자기중심적 상태에서 이타적 상태로 발달을 한다든가, 의(意)적 발달 중 자율의지가 타율의지로 전환되는 등 다른 영역의 발달이 지(知)적 발달을 전제하지 않고서는 설명될 수 없기 때문이다. 그렇다면 지(知)적 발달은 어떤 원리와 단계로 설명될 수 있을까? 살펴보면 다음과 같다.

지(知)적 발달은 Piaget(1932)가 밝혀냈듯이 객관화의 과정이라고 할 수 있다. 신생아는 비아(非我)가 존재하지 않는 자기만의 절대주관 상태에서 출발하여 아(我)와 비아(非我)를 대상으로 객관화시켜 간다. 다음으로 구체적 조작기에는 자기 자신도 하나의 대상으로 삼고 자신을 객관화 시킨다. 그리고 의식의 객관화는 구체적 조작기부터 시작하여 형식적 조작기에 이르면 완전히 객관화시킴으로서 다양한 측면을 고려하면서 합리적이고, 객관적으로 사고할 수 있게 되는 것이다 .따라서 Kohlberg(1981)가 지적 발달은 도덕성의 발달을 앞선다고 했듯이 지의 발달이 정적, 의적 발달을 주도하고 있다고 볼 수 있다.(박미화 1998)

인성의 발달 단계와 관련한 지금까지의 연구를 살펴보면 주로 Piaget와 Kohlberg의 이론을 중심으로 논의되어 왔다. 이는 모두 인지발달론적 입장에서 탐색되었다고 할 수 있다. 하지만 이미 이러한 이론과 관련한 언급과 연구는 수없이 이루어져 왔기에 이 책에서는 인성교육과 관련해 Lickona의 인성 이론이라는 새로운 근거에서 출발해보고자 한다. 물론 Lickona 스스로 콜버그의 도덕성 발달 이론을 원용하여 연구했다는 것이 공공연한 사실이지만 콜버그와 다른 점은 인성 발달 단계에 따라 느리지만 후천적인 노력에 의해서 변화될 수 있다고 생각한 점이다. 이러한 점에서 우리가 추구하는 인성교육의 비전과 닮아있기 때문에 더욱 적합하다고 생각한다. Lickona (1994)는 인성 발달단계를 '출생~3세'의 시기와 도덕적 추리단계(학령 전~성장기)로 나누어 설명했는데, 이 중 도덕적 추리의 단계(The Stage of Moral Reasoning)를 우리가 주로 인성교육을 실시하고자하는 초등학교 학생들의 발달단계에 따라 요약하여 표로 나타내면 다음과 같다.

〈표 1-4. 인성 발달에 관한 도덕적 추리의 단계〉[5]

단계	수준 및 연령	발달 내용
0단계	자기중심적 추리 (4세 정도의 학령 전 나이)	옳은 기준 : 나는 반드시 나 좋은대로 한다.
		선해야 하는 이유 : 상을 받고 벌을 피하기 위해서이다
1단계	무조건의 복종 (유치원 나이)	옳은 기준 : 나는 하라는 대로 해야한다.
		선해야 하는 이유 : 괴로움을 당하지 않기 위해서이다.
2단계	이기적 공정성 (초등학교 저학년)	옳은 기준 : 나는 나의 이익을 챙겨야 하지만 나에게 공정하게 대하는 사람에게는 공정하게 대해야 한다.
		선해야 하는 이유 : 이기적 자세, 나에게 유리한 것이 무엇이냐?
3단계	타인과의 일치 (초등학교 중·고학년 및 10대 초반 및 중반)	옳은 기준 : 나는 근사한 사람이 되어야 하고 내가 알고 관심을 가진 사람의 기대에 부응해야 한다.
		선해야 하는 이유 : 다른 사람이 나를 알아주어야 하고(사회적 인정), 나 자신도 나를 좋게 생각해야 한다.(자기 존중)
4단계	사회체제에 대한 책임 (고등학교 학생과 10대 후반)	옳은 기준 : 나는 사회의 가치체제에 맞게 책임을 다해야 한다.
		선해야 하는 이유 : 체제의 붕괴를 막아야 하고 자기 존중도 유지하기 위해서이다.
5단계	원리화된 양심 (젊은 성인)	옳은 기준 : 나는 모든 개인의 권리와 권위를 최대한 존중해야 하고 인권을 보호하는 체제를 지지해야 한다.
		선해야 하는 이유 : 모든 인간에 대한 존중의 원리에 맞추어 행동해야 할 양심의 의무이기 때문이다.

위 〈표 1-4〉에 대해 설명하면 다음과 같다.

첫째, '자기중심의 추리적 단계'의 아동(4세 정도)들은 지(知), 정(情), 의(意) 모든 분야에서 인성의 미분화 상태로, 선(善)을 추구해야 할 이유 자체가 상을 받고 벌을

---

5) 박미화(1998). 초등학교 인성교육에 관한 덕목별 현황 분석, 10-17p

피하기 위함이다. 이 시기에는 '자기가 좋은 대로', '옳다고 생각하는 대로 행동하는 품성'을 소유하고 있는 단계라고 할 수 있다.

둘째, 자기 이익을 위한 '복종의 단계'이다. 이 시기(유치원)는 지(知), 정(情), 의(意)의 각 분야에서 타율성의 인격을 가지고 있으며 자신이 괴로움을 당하지 않기 위해서 선(善)을 추구한다. 따라서 다른 사람이 '시키는 대로' 행동하는 것이 선(善)의 기준이 되며 자연스레 복종적인 성향을 가지게 된다.

셋째, '이기적 공정성'의 단계는 초등학교 저학년 정도에 해당하는 아동들로 나에게 유리한 것이 무엇인지 판단하여 선(善)을 추구한다는 점에서 다소 합리성을 추구한다고 할 수 있다. 하지만 개인의 이익을 중심으로 생각하고 판단한다는 점에서 이기적인 품성을 갖게되는 시기라고도 할 수 있다.

넷째, '타인과의 일치' 단계로 현재 우리나라에서 인성교육이 가장 중요하다고 판단되는 초등학교 중 · 학년~10대 중반의 아동들이 해당된다. 인격의 발달은 개인차가 있지만 발달 단계에 따라서 천천히 발달하며 사회적 인정과 자기존중을 위해서 선(善)을 추구한다는 점에서 보다 향상된 발달을 보인다고 할 수 있다. 또한 누군가의 기대에 부응하고자하는 욕구도 보인다.

다섯째, ''사회체제에 대한 책임' 단계이다. 이 시기는 고등학교 학생 및 10대 후반의 학생들로 진로와 사회 진출에 대한 고민이 많은 시기에 해당된다. 이 단계는 개인의 기준을 넘어 사회의 가치와 규범을 유지하고 이에 동조하려는 내적 기준이 선(善)을 추구하는 기준이 된다는 점에서 상위 개념의 인성 발달 수준이라고 할 수 있다.

마지막으로 '원리화된 양심'의 단계로 젊은 성인층이 바로 여기에 해당된다. 이는 성장하면서 안선된 양신의 기준에 따라 두덕적 우선 순위를 재배열한다. 그것은 "어떤 사회 체제이든 사회는 구성원들에게 이익을 주기 위해서 존재한다. 어떤 체제도 사람들의 권리를 침해해서는 안된다"라고 생각하는 단계라고 할 수 있다.

3. 인성교육의 필요성

인성이란 사람이 갖추어야할 기본적 본성이며 다른 사람과 더불어 살아가는 품성이면서 역량이기도 하다. 오늘날 전세계적으로 다른 어느 때보다 인성교육의 심각성이 거론되고 있다.[6] 특히 우리나라는 OECD 평균보다 높은 자살률, 비윤리적 사회문제, 정치인의 부도덕성 등 인성부재로 인한 문제들이 매일 신문이나 언론을 통해 보도되고 있다. 이러한 일련의 사건들은 우리 사회에 인성 교육의 필요성과 중요성을 단적으로 보여주는 사례라 할 수 있다.

오늘날 인성교육이 약화된 근본 원인을 찾아보면 다음과 같다. 첫째, 산업화에 따른 지식의 폭발적인 증가로 지식전달 및 지식습득 위주의 교육이 팽배해져왔기 때문이다. 둘째, 경쟁적 교육 풍토 속에서 타인에 대한 배려와 공감 등 더불어 살아가는데 필요한 교육이 상대적으로 소홀해져 왔다는데 그 원인이 있다. 따라서 사회가 발달하고 산업화가 진전 될수록 인간적 친밀관계는 점점 위축되고 있으며, 이로 인해 많은 청소년 문제와 사회문제 등이 대두되고 있는 실정이다.

따라서 인간다운 인간을 양성하기 위한 인성교육의 필요성이 더욱 절실해 지고 있다. 철학자 칸트(Kant.J)는 교육이란 인간을 인간답게 만드는 과정이라고 하였다. 이런 의미에서 본다면 인성교육은 교육의 본질에 가장 근접해 있다. 인성교육이란 인간이 가지고 있는 본연의 품성을 바르게 발현시키고 인간답게 살기 위해 필요한 것을 갖추는 과정이기 때문이다. 따라서 인성교육은 학생만을 대상으로, 학교라는

---

6) '12년 교육부 인성교육 실태조사에 의하면 학생, 학부모, 교사의 60% 이상이 학생들의 신뢰와 협력, 참여 등 더불어 살아가는 능력에 대하여 비관적으로 인식하고 있음.

공간에서라는 여러 제한을 넘어 모든 장소에서 모든 국민을 대상으로 실시되어야 할 것이다.

다음에서는 유아, 초·중등학생, 대학생, 군인, 학부모 등 다양한 대상별 인성교육의 필요성을 알아보고자 한다.

가. 유아 인성교육의 필요성

어린 시절에 어떤 경험을 하느냐에 따라 한 사람의 인성이나 가치관이 결정된다는 사실은 이미 많은 연구를 통해 밝혀졌다. 사회적 상호작용을 통한 인격 형성의 첫걸음이자 결정적 시기인 유아기부터 올바른 도덕적 품성과 가치관을 심어주는 것이 중요하다. 영유아기의 인성교육을 강조하는 이유를 홍순정 외(2013)는 다음과 같이 정리하고 있다.[7]

첫째, 발달심리적 측면으로 아동의 발달은 환경과 개체의 상호작용에 의하여 이루어진다. 성장 과정 중의 경험들이 쌓여 습관이 되고 성격이 되는 것이다. 즉, 어떠한 경험을 하는 지에 따라 인성이 크게 변화되고, 그 사람의 삶의 방향과 도덕적 행위의 질적 수준도 결정되는 것이다. 그러므로 의도적인 실천, 체험위주의 인성교육을 통해 보다 나은 경험을 제공하는 것이 중요하다.

둘째, 개인적 측면으로 인간은 다른 사람에게서 존중받음을 느꼈을 때 최대의 행복을 느낀다. 이와 같이 서로를 존중하고, 예절과 질서를 지키고 도우며 더불어 행복을 찾도록 하는 교육이 필요하다.

셋째, 사회적 측면으로 우리나라는 급속한 경제 발전의 역기능으로 가치관의 혼

---

7) 홍순정 외(2013), 『전생애 인성교육』, 양서원, p. 73-74

란과 사회병리현상이 가속화되고 있다. 이기주의, 황금만능주의, 공동체 의식과 도덕성의 상실들이 점점 심해져 사회를 점점 병들게 하고 있는 것이다. 이러한 사회현상들이 어린 아이들에게 계속 노출된다면 앞으로의 사회혼란도 걱정이 될 수밖에 없다. 그러므로 풍요롭고 사랑이 넘치는 사회를 위해서는 인성교육이 필요하다.

넷째, 시대적 측면으로 현대사회는 각종 정보가 넘쳐나며 급변하고 있다. 이러한 환경에 빠르고 바르게 적응하고, 미래에 올바른 가치관을 가지고 바르게 적응할 수 있는 사람을 양성하기 위해 인성교육은 필요하다.

다섯째, 민족 · 국가적 측면으로 현재 우리 사회는 만연된 외래문화 속에서 우리의 주체성을 상실해가는 경향이 있다. 따라서 우리의 전통문화를 계승 발전시키고, 민족의 동질성을 높이는 질 높은 인성교육이 국가의 발전을 위해 필요하다.

나. 초중등 인성교육의 필요성

학교 안 아이들은 시대의 흐름에 맞춰 막대한 양의 지식을 쌓아가고 있는 반면, 그에 걸맞는 행동과 인성은 배우지 못하고 있는 경우가 많다. 자녀가 점점 줄어가는 추세에 따라 내 자식만 애지중지하는 부모들의 태도 또한 바람직한 인성 형성에 크나큰 장애가 된다. 한 자녀 혹은 두 자녀 가정이 일반화되는 상황에서 내 자식을 잘 키우고자 하는 부모의 열망으로 인해 아이들은 점점 더 경쟁사회의 순위 다툼을 강요당하고 있는 것이다. '공부만 잘하면 된다', '최고가 되어야한다', '지면 안 된다'라고 내몰아 온 부모들의 성공제일주의로 인해 학생들은 끝없는 스트레스에 시달리고, 이로 인한 부모와 자녀 사이의 소통의 부재는 신뢰와 애정의 결핍을 낳는 악순

---

8) 홍순정 외(2013), 『전생애 인성교육』, 양서원. p. 155

환을 가져오기도 한다.[8]

한 개인의 기본적인 생활습관과 예의범절 등 가치관 형성에 중요한 영향을 미치는 가정에서 교육의 기능이 제대로 이루어지지 않는 것이 우리 사회의 현실이다.

초·중등 교육에서의 인성교육에 대한 시대적 요구는 증가하지만 지식 중심의 교육과정과 지나친 입시 위주의 교육 제도로 인해 인성교육의 구체적 실현이 어려운 실정이다. 이는 학교 교육의 대부분을 차지하고 있는 교과교육 내에서의 인성교육, 혹은 배려와 나눔을 직접 체험할 수 있는 창의적 체험활동에서의 인성교육으로 적용하여 실현할 수 있다.

정창우(2013)는 인성 교육의 체계적인 적용을 위해서는 의미 있는 기본 틀 또는 포괄적인 모형을 만들어야 하며, 여기에는 인성 교육을 통해 함양해야 할 핵심 인성 역량 선정 및 적용 방안, 학교교육, 특히 교과(도덕과와 일반 교과)와 교과 외 활동(창의적 체험활동)을 통한 인성 교육 실천 방안, 인성 교육을 통해 가르쳐야 할 학습 주제(범교과 학습 주제)선정 및 적용 방안, 가정 및 공동체 차원의 인성교육 방안 등이 포함되어야 한다고 했다.[9]

이러한 점을 고려하여 학교교육에서는 교육과정 편성과 운영의 자율성 및 효율성을 최대한 발휘하고, 교과교육과 인성교육을 연계한 수업 방법 혹은 실제 능력을 강조하는 창의적 체험 활동을 통한 전인교육이 이루어져야 한다.

다. 대학 인성교육의 필요성

요즘 뉴스를 통해서 대학생들이 저질렀다고는 상상할 수 없는 끔찍한 범죄 사건

---

9) 정창우(2013), 『도덕과 교육의 이론과 쟁점』, 울력. p. 93-94

들이 심심치 않게 들려오고 있다. 이 사건들이 더욱 충격적인 이유는 그 대상이 명문대학교 학생인 경우도 더러 있기 때문이다.

이처럼 청소년기를 마치고 장차 사회인으로서 첫발을 내디뎌야 하는 대학생들에게 대인관계 능력 및 그 외 인성적 덕목 함양은 매우 절실한 문제이다. 이 시기는 심리적, 사회적으로 많은 변화를 겪게 되는 중요한 때이며 변화에 적응해야 하는 과도기적 시기이기도 하다.[10]

그러나 대학의 인성교육 강화를 부정적으로 바라보는 측에서는 인성교육이란 통상적으로 가정교육 내에서, 혹은 초 · 중등 교육과정에서 다루어질 한 단계 낮은 수준의 교육으로 간주하기도 한다. 이들은 대학교육 이전의 교육과정에서는 지식교육과 인성교육의 기초를 쌓아야 하고, 대학에 와서는 전문교육과 직업준비교육 같은 보다 심화된 교육을 제공받아야 한다는 지배적인 생각을 가지고 있다. 하지만 한국 사회가 처한 현실을 액면 그대로 받아들일 때, 그리고 교육이 지닌 본래적 책무를 염두에 둘 때 대학에서의 인성교육은 상황적으로든 근본적으로든 필연적일 수밖에 없다. 바람직한 인간 교육을 정의적, 신체적, 인지적 능력의 균형 잡힌 상태를 지향하는 것이라고 볼 때, 이러한 교육은 곧 인성교육을 의미함이기 때문이다.

대학 생활 중 다양한 경로의 체험활동이 취업에 유리한 자격요건으로 인정받고 있는 것을 보면 사회나 기업에서도 인성까지 겸비한 차별화된 인재를 원하고 있다는 것을 알 수 있다. 그러므로 대학에서는 대학 생활의 질을 높여주며, 앞으로의 사회생활에 실질적으로 필요한 인성 교육을 통해 나날이 험해지고 빈번해지는 대학

---

10) 이경희,방은령(2011), 대학생의 우울과 자기효능감이 대인관계성향에 미치는 영향, 한국비교정부학보, p. 2

생들의 중범죄를 막는 데에 최선을 다해야 한다.

라. 군인 인성교육의 필요성

군 조직은 기본적으로 규범적 복종에 의존하는 조직이다. 가치와 규범에 의하여 정당화되며 보다 상위의 선이 개인의 이해에 우선된다. 또한 군 조직은 집단적 성격을 띠고 있다. 구성원들이 조직적 통합의식을 공유하며 그들 스스로를 보통 사람들과는 다른 한 집단으로 의식하게 되는 것이다. 뚜렷한 계급문화도 군 조직의 특성이라 할 수 있다. 계급서열이 한 단계라도 상위인 자에게는 절대복종을 하게 되어 있으며 동일계급이라도 직위와 군번에 따라 서열이 결정된다. 이와 같은 군 조직의 독특한 문화는 국방이라는 확고부동한 목표로 인해 생긴 것이다. 이러한 군 문화 속에서 모든 교육훈련의 성패는 교관의 능력에 달려있다. 군에서 가장 중요한 인성요소 중 하나인 리더십 교육훈련이 성공적으로 이루어지기 위해서는 리더십 개발에 중요한 역할을 담당하고 있는 사관학교 및 학군단의 훈육관과 각급 교육기관의 리더십 교관을 전문화시키고, 현장에서 장병들을 대면 접촉하면서 지도하는 중·소대장 및 대대장급 지휘관들이 리더십 개발자이자 조언자, 후원자로서의 능력을 구비하도록 해야 한다. 군에서 이러한 교육이 필요한 이유는 군의 가장 중요한 무형자원인 장병들을 지휘하고 지도하는 것이 군의 가치와 목표를 달성하는데 있어서 핵심적인 부분이기 때문이다.[12]

한편, 최근 군에서 발생하는 주요 사고의 원인을 분석해보면 군이라는 환경적인 요인도 있지만 개인의 성격 특성이나 대인관계 문제 등이 주요 원인으로 밝혀지고

---

12) 김일환(2011), 초급장교 리더십 교육체계 개선방안에 관한 연구, 아주대학교, p. 12-14, p. 35, 차봉준(2015), 대학 인성교육의 방향 설정과 활성화를 위한 시론, 대동철학회, p. 26

있다. 주로 군 입대를 하게 되는 시기는 20대 초반으로 질풍노도의 시기라고 일컬어질 정도로 심리상태가 불안정한 게 특징이다. 진로와 대인관계, 가치관, 정체감, 이성 관계 등으로 많은 갈등을 겪고 있으며 이로 인해 문제 행동을 일으킬 가능성 또한 높다.[13] 이들이 특수성을 지닌 군 문화에 잘 적응할 수 있도록 돕기 위한 인성교육이 제대로 이루어진다면 앞으로의 사회생활에서의 적응력까지 높일 수 있는 기회가 될 것이다.

마. 학부모 인성교육의 필요성

우리는 교육의 대상자를 생각하면 당연하게 나이 어린 학생이라는 편견을 가지게 된다. 하지만 평생 교육이 일반화 되어 성인들이 참여하는 많은 교육 프로그램들이 실시되고 있다. 이런 교육프로그램 중에서 인성교육 프로그램은 쉽게 찾아보기 힘들다. 성인은 인성적으로 받을 교육이 없다고 생각하게 된다. 하지만 학부모의 인성교육의 필요성이 절실하게 느껴지는 시점에 와있다.

'좋은 엄마가 좋은 선생님을 이긴다'에서 "사회가 복잡하게 변하면서 아이를 낳는 것 자체가 더 이상 부모가 된다는 것을 의미하지 않게 됐다. 지금 부모에게 필요한 것은 부모가 되는 법을 가슴으로 공부하는 것이다"라고 말하였다. 하지만 가슴으로 공부하는 것으로는 이미 한계에 다다른 세상이 되었다.

최근 아동학대의 뉴스가 우리의 마음을 아프게 하고 있다. 그 중 부모로부터의 학대는 우리의 생각을 이미 넘어서고 있는 상태이다. '인천 11세 여아 학대사건'에 이어 부천 초등생 살인사건, 7개월 된 영아를 바닥에 던지고 꼬집는 등 수차례 폭행을

---

13) 백현정,최미례,김용주(2010), 『(집단상담기법을 활용한)군 인성교육 프로그램 핸드북』, 황금알. p. 14-15

가한 비정한 20대 엄마까지 아동학대가 계속해서 일어나고 있다.

이런 사건들의 원인을 살펴보면 부모 역시 자신의 부모로부터 학대를 받았거나 어린 나이에 부모가 되어 양육에 대한 교육과 부모로서의 인성교육이 전혀 없었다는 것을 알 수 있다. 꼭 이런 가정의 부모뿐 아니라 일반적인 부모들 역시 쉽게 부모로서의 인성교육을 쉽게 접하기 어려운 것이 현실이다. 그러나 학교 현장에서 이루어지고 있는 몇몇 프로그램을 통해 학부모의 역량을 높이고 자녀교육을 할 수 있는 인성을 가질 수 있도록 도와주려는 노력이 늘어나고 있다.

4. 인성교육의 내용

인성교육이란 결국 사람으로서 갖추어야 할 원만한 성격이나 주요한 가치 즉 인성의 구성요소들을 함양하기 위한 의도적이고 단계적인 노력이라고 할 수 있다. 이러한 인성교육을 위해서 무엇을 가르쳐야 하는가? 인성교육의 구성요소는 무엇일가?

인성의 구성요소들을 '덕목'이라고 하며 올바른 인성교육을 실시하기 위해서는 인성 덕목에 대한 사회적 합의가 우선 되어야 한다. 그리고 인성교육은 기존의 교과 중심적 교육에서 벗어나 미래 사회가 요구하는 중요한 핵심역량이 되는 인성 덕목들을 중심으로 이루어져야 한다.

가. 인성교육의 핵심 덕목

한국, 미국, 일본, 싱가포르의 덕목 설정 사례와 동서양 덕 윤리학, 인성교육론, 도덕 심리학, 긍정심리학에서의 인성과 핵심 덕목들을 이론적·경험적 자료에 입각하여 추출한 '주요 인성 덕목'을 정리하면 다음〈표 1-5〉와 같다.

〈표 1-5〉 학교 인성교육을 위해 추구해야 할 핵심 덕목[14]

핵심덕목	의미 및 도덕적 기능
지혜 (wisdom)	– 훌륭한 판단으로서 모든 덕을 지도함 – 어떤 상황에서 취해야 할 것이 무엇이고, 버려야 할 것이 무엇인지를 분별하는 것 – 서로 다른 덕들 간에 어떻게 균형을 취해야 하는지를 말해줌 – 올바른 사려분별을 하게 해주어 삶에서 중요한 것의 우선순위를 깨닫게 해줌
용기 (coruage)	– 자신이 옳다고 믿는 것을 옹호하고 실천하려는 의지와 능력 – 난관에 직면했을 때에도 자신이 설정한 목표를 성취하기 위해 강한 의지력을 발휘하는 정서적인 힘
성실 (integrity)	– 도덕원리(moral principles)를 준수하고 도덕적 양심에 충실하여 자기가 한 말을 실행하고 자기가 믿는 것을 지켜 나가는 것 – 성실성을 가진다는 것은 '전일성(wholeness)', 즉 전체적으로 일관성을 지니는 것임 – 자기 자신과 다른 사람에게 진실을 말하는 것임
절제 (temperance)	– 우리 스스로를 다스릴 수 있는 능력, 과도(excess)에 맞설 수 있는 힘 – 유혹에 저항할 수 있는 힘이자 만족을 지연시킬 수 있는 능력 – 기분을 조절하고 육체적 욕구와 결정을 규율하며 정당한 쾌락도 적절하게 추구하게 해줌
효도 (filial piety)	– 모든 행위의 근원이며 동시에 인을 행하는 근본 – 부모님을 정신적으로 편안하고 기쁘게 해드리는 것과 부모님을 육체적·물질적으로 봉양하는 것을 말함
예절 (etiquette)	– 예의에 관한 모든 절차나 질서를 준수하려는 마음가짐과 태도 – 일정한 격식을 갖춘 행동으로 나타남

14) 정창우(2015),『인성교육의 이해와 실천』, 교육과학사. pp. 100-102

존중 (respect)	– 사람이나 사물을 기본적으로 그들의 존재만으로 존중할 가치가 있음을 인식하고, 그 가치에 대하여 소중히 여기는 것 – 인간이 스스로를 존중하는 것으로부터 시작해서 나아가 모든 사람과 생명체, 사물은 그들만의 가치가 있으며 그 가치를 인정하고 소중히 하고자 하는 기본 윤리에 해당함
배려 (caring)	– 정의를 넘어서는 것으로서 공정함에 머무르기보다는 그 이상의 필요한 것을 주는 것임 – 공감, 연민, 관대, 봉사, 용서 등으로 구성됨 – "네 이웃을 네 몸과 같이 사랑하라."를 진지하게 고려해야 함
책임 (responsibility)	– 맡아서 해야 할 역할과 의무에 대한 의식과 헌신 – 자기 자신, 가족, 지역공동체, 국가, 지구공동체에 대한 역할과 의무를 인식하면서 사랑과 헌신으로 이러한 역할과 의무를 수행하려는 것 – 자신의 행위 혹은 행위결과에 대한 책임과 자기 존재의 미래에 대한 미래지향적인 책임
협동 (cooperation)	– 사회의 공동선을 창출하고 증진하기 위해 구성원들이 힘과 뜻을 모아 노력하는 것 – 공동의 목표를 성취하기 위해 구성원들의 힘과 능력을 집약시키는 것 – 공동체가 발전하고 번영하기 위한 필요조건
준법 (law-abiding)	– 법률이나 규칙 등을 바르게 잘 지키는 것 – 국가 공동체 존립의 기본
정의 (justice)	– 모든 사람의 권리를 존중하는 것 – 자기존중과 자신의 권리 및 존엄에 대한 합당한 고려를 포함함 – 정의로운 사회 건설을 위해 정의에 대한 관심과 부정의에 대한 도덕적 분노의 능력이 요구됨 – 건강한 공동체생활을 가능하게 하는 시민적 힘(civic strength)

위에서 제시된 인성과 관련된 주요 핵심 덕목들은 시대적 배경과 공간적 차이를 초월한 중요한 가치를 내포하고 있다. 하지만 인성교육은 인간이 살아가는 환경과 가장 밀접하게 이루지기 때문에 인성 핵심덕목은 시공간적 환경에 따라 달라질 가능성도 내포하고 있다.

나. 핵심 인성역량

오늘날 학교는 교육의 가장 큰 역할을 수행한다. 동시에 학교는 단순히 지식만을 가르치는 것이 아니라, 미래의 삶에 필요한 지식과 기능 및 태도를 함양할 수 있는 총체적 힘을 길러주는 곳이기도 하다. 그 힘을 우리는 '역량'이라고 한다.

인성교육의 방향 역시 단순한 덕목을 함양시키는 교육이 아니라 인성역량을 키울 수 있는 방향으로 이루어져야 한다. 이에 따라 시·도 교육청에서도 교육 전체의 방향을 기본인성덕목이나 핵심역량과 관련지어 지·정·의가 결합된 총체적 역량 강화를 위한 인성교육이 운영되고 있다.

미래 핵심역량을 비롯해 역량에 관한 내용들에는 익숙하지만 인성역량에 대해서는 생소한 사람도 많을 것이다. 이에 정창우(2015)는 인성 개념을 '개인적 차원'과 '관계 차원'에서의 인간다운 성품과 역량 개념으로 이해하고, 인성교육은 이러한 성품과 역량을 지니고 살아갈 수 있도록 도와주는 일로 규정하였다. 그리고 이를 바탕으로 핵심 인성역량을 〈표 1-6〉과 같이 분류하고 있다.

〈표 1-6〉 인성교육을 위한 핵심 인성역량[15]

차원		덕목	정의
개인적 차원		도덕적 문제해결능력	어떤 문제를 윤리적 관점에서 합당하게 해결하는 능력(도덕적 의사결정능력, 도덕적 상상력 및 추론 능력 포함)
		긍정적 태도	삶에 대해 낙관적이고 긍정적인 관점을 지니고, 난관에 직면했을 때 꿋꿋하게 되튀어 오르는 능력(회복탄력성 포함)
		도덕적 자기관리능력	자신에 대한 참된 이해를 바탕으로 바람직한 자아정체성을 형성하고, 자신의 행동과 정서를 도덕적으로 관리하고 개발하는 능력
		도덕적 자기성찰능력	자신이 행한 경험적 사실을 도덕적 관점에서 반추하면서 어떻게 살아갈 것인가에 대해 사색하는 능력
관계 차원	타인과의 관계 영역	도덕적 의사소통능력	다른 사람의 입장을 경청하고 그들과 합리적으로 소통하며 균형 잡힌 관점과 이해를 공유할 수 있는 능력
		도덕적 대인관계능력	다른 사람을 존중·배려하고, 갈등을 관리하며, 다른 사람과 도덕적으로 원만한 관계를 유지하고 협력하는 능력
	공동체와의 관계 영역	공동체 의식	자신의 역할과 행동에 책임을 지며, 인권을 존중하고 법을 준수하는 바람직한 공동체의 실현에 참여하고 공헌하는 능력
		다문화·세계시민의식 의식	세계화·다문화 사회에서 문화적 다양성을 존중하고 바람직한 국가 정체성을 형성하며, 지구적 문제 해결을 위해 참여하고 실천하는 능력
	자연과의 관계 영역	환경윤리의식	인간과 자연과의 관계를 올바로 이해하고, 생태의식과 환경에 대한 규범적인 노력을 토대로 인간과 자연의 건강한 미래를 설계하는 능력

15) 정창우(2015),『인성교육의 이해와 실천』, 교육과학사. p. 126

이처럼 핵심역량을 중심으로 인성교육이 이루진다면 학교교육 역시 이에 부합하는 형태로 구조화되어야 할 필요가 있다. 시대와 사회 국가별로 역량의 의미가 무엇인지 다소 차이가 있지만, 우리나라에서는 핵심역량을 창의력, 문제해결력, 의사소통능력, 정보처리능력, 대인관계능력, 자기관리능력, 시민의식, 다문화이해능력, 신체적 건강·체력, 진로관련 능력의 10개로 구분하고 있다(이광우 외, 2009).

다. 인성교육의 구성요인과 10대 덕목

인성의 구성요인에 대한 의견은 학자에 따라 다양하며, 무엇을 중심으로 인성교육을 진행하느냐에 따라 구성요인이 달라진다. 그리고 인성교육은 개인과 타인 및 사회와의 상호작용 등 관계 속에서 이루어지기 때문에 사회적 특성, 시대적 요구 등에 따라 달라 수 있다. 다음 〈표 1-7〉는 2010년 이후 국내 연구에서 제시되고 있는 인성교육의 구성요인들이다.

〈표 1-7〉 인성교육의 구성요인[16]

연구자	인성 구성 요인
이명준 외 (2011)	- 존중, 배려, 책임, 신뢰성, 정의/공정성, 시민성 - 6덕이 개인과 사회에서 구현되는 하위 덕으로 상세화
천세영 외 (2012)	- 도덕성: [역량]가치인식, 책임 있는 능력, [덕]정직, 책임 - 사회성: [역량]사회인식능력, 대인관계능력, [덕]공감, 소통 - 감성: [역량]자기인식능력, 자기관리능력, [덕]긍정, 자율
지은림 외 (2013)	- 정직/정의, 책임, 윤리(공경), 배려/봉사, 공감, 긍정적 자기이해, 자기 조절
박성미, 허승희 (2012)	- 개인가치: 긍정적 생활태도, 심미적 소양 - 타인가치: 타인에 대한 존중, 타인에 대한 용서와 관용 - 사회가치: 사회구성원으로서의 역할과 책임, 세계시민정신, 도덕적 판 단력
양정실 외 (2013)	- 존중, 배려, 책임, 참여와 협동, 공감과 수용, 대화와 소통 능력, 문제와 갈등해결 능력, 정의 - 각 덕과 연관된 덕들을 설명하여 덕을 설명함.

위와 같이 인성교육에서 중요시되고 있는 구성요인은 학자마다 조금씩 다르게 제시되고 있지만, 공통적으로 포함되는 요인들도 있다. 공통적으로 언급되고 있는 인성 구성요인을 살펴보면 정직, 성실, 진실, 용기, 배려, 존중, 정의, 책임, 시민성 등 이다.

또한 인성교육진흥법(2015) 제2조(정의)에 의하면 인성교육의 핵심가치 · 덕목에 대하여 '인성교육의 목표가 되는 것으로 예(禮), 효(孝), 정직, 책임, 존중, 배려, 소통,

16) 한국교육개발원(2014), 초 · 중등학생 인성수준 조사 및 검사도구의 현장 활용도 제고 방안 연구, p.24-25

협동 등의 마음가짐이나 사람됨과 관련되는 핵심적인 가치 또는 덕목'이라고 정의하고 있다.

교육부(2014)에서도 인성의 개념을 '더불어 살아가는 품성과 역량'으로 정의하고 필요한 핵심역량, 기본 인성덕목 및 하위요소를 〈표 1-8〉과 같이 제시하고 있다.

〈표 1-8〉핵심역량과 10대 덕목[17]

차원	덕목	기본인성덕목	하위 요소 예시
개인	핵심가치 인식	①정직	공정한 판단, 절약하는 생활, 성실한 생활, 권리와 의무·책임, 올바른 마음, 양심, 용기, 의지, 정의감 등
	책임 있는 의사결정	②책임	약속 / 규칙, 차례, 정숙, 안전, 책임감, 절제심, 준법정신, 인내, 성실, 의지 등
	자기인식	③긍정/자기이해	열정, 자부심, 자기존중, 자기표현, 자발성, 자신감, 자아수용, 자위, 자율, 자조, 자존심, 자주 등
	자기관리	④자율	성실, 인내, 자기통제, 절약정신, 절제심, 정리정돈, 청결, 일관성, 근면, 단정, 의지, 시간계획, 과업계획 등
	문화적 소양	⑤예절	감사, 인사, 공중도덕, 단정/애교, 애향, 애국, 평화, 통일, 독도교육, 국토순례, 의식행사, 정체성 확립활동, 공동체 의식, 연대, 예의범절, 우애, 우정, 의리, 연민, 이타심, 자비심, 자선, 자애, 조화, 허용 등
		⑥존중/다문화	이질성·다양성 가치, 타문화에 대한 지식과 이해, 상이성에 대한 존중, 다원화적 가치 지향성, 인류애, 인도, 관용, 박애, 허용 등

17) 박창언 외(2013). 인성교육중심수업강화를 위한 교수, 학습 자료 개발. 교육부.

사회	사회적 소양	⑦공감	불우이웃돕기, 일손돕기, 나눔, 봉사, 반성과 마무리, 용서, 공감, 공정, 봉사정신, 선의, 연민, 이타심, 인도, 자비심, 자선, 자애, 참여, 평등의식 등
	대인관계	⑧소통	적응, 사제동행, 서로 돕는 생활, 문화간 어울림(다문화 교육), 장애이해, 자기이해, 국제이해, 민주시민, 역할활동, 여가활용교육/자살예방, 학교폭력예방, 유괴방지, 안전예방교육, 타인권리침해 예방교육, 편견극복, 정보통신윤리교육, 재난 및 재해 예방, 난민구호, 인권보호, 성교육 등
	민주시민의식	⑨시민의식	권위와 존중과 수용, 평등, 양심, 표현의 자유, 정의의 자유, 관용/애국심, 용기, 충성, 애국심, 애향심 등
		⑩공존	청결, 정리정돈, 자연보호, 위생, 저탄소 생활습관, 녹색성장, 분리수거, 문화재 보호활동, 난민구호, 인권보호, 환경보전의식, 박애, 인도, 인류애, 시민성, 공정, 관용 등

오늘날 미래사회를 준비하는 인재를 기르는 다양한 교육의 목표는 단순한 지식과 기능을 가르치는 일이 아닌 역량을 기르는 교육으로 전환되고 있다. 더불어 그러한 인재에게는 개인으로서, 사회의 구성원으로서 갖추어야할 자격과 덕목을 함양시키는 인성교육의 중요성이 부각되고 있다. 10대 덕목을 중심으로 '더불어 살아가는 역량과 품성'을 가르치는 인성교육의 실질적이고 효과적인 학습방법을 본 책을 통해 전달하고자 한다.

2

●

인성교육의
원리와 유형

1. 인성교육의 원리

인성교육의 중요성이 부각되어짐에 따라 다각적인 방법론이 새롭게 대두되고 있다. 이와 관련해 인성교육이 이루어지는 원리를 정리하면 다음 표〈2-1〉와 같다.

〈표 2-1〉 인성교육의 원리

원리	내용
교과 통합의 원리	– 학교 활동은 지적활동과 도덕적 성장을 목표로 하는 활동, 즉 생활지도로 이루어짐 – 지적 활동인 교과 활동에서도 인성교육은 함께 이루어져야 하며 모든 교과 활동은 인성교육의 요소를 포함하고 있음 – 따라서 도덕과를 비롯한 모든 교과에서 통합적인 인성교육이 실시되어야 함 – 인성과 관련된 요소, 예를 들어 도덕성이나 사회성, 정서 등을 함양할 수 있는 인성교육의 내용들은 정규교과 전체에서 교육이 이뤄져야 함 – 또한 교과 시간에 이루어지는 지식 교육을 바탕으로 인성교육의 결과가 생활의 장에서 실천될 수 있어야 함

가치 통합의 원리	– 여기서 말하는 가치의 통합이란 인성교육이 일어나는 공간의 통합을 뜻함 – 인성교육은 학교뿐 아니라 모든 삶의 터전, 즉 가정, 사회에서도 일관성있게 이루어져야함 – 가정과 사회에서 담당하는 인성교육의 역할이 예전에 비해 제 기능을 다하지 못함으로써 학교에 대한 기대와 중요성이 매우 높아짐 – 인성교육은 학교에서뿐 아니라 가정, 사회가 모두 연계 하여 이루어져야 함
지속성의 원리	– 인성교육은 공간의 통합뿐 아니라 모든 시간, 즉 시간의 통합 역시 이루어져야 함 – 모든 시간에 걸쳐 인성교육이 끊임없이 실시되어야 한다는 의미임 – 특히 어린 학습자의 경우 인성교육을 통해 바람직한 행동 양식을 학습하였다 하더라도 꾸준히 실천하여 습관화, 내면화해야 함 – 인성 관련 덕목을 매일매일 학교와 사회, 가정에서 꾸준히 실천해야 함 – 하나의 덕목을 내면화하기 위해서는 충분한 기간 동안 습관적으로 실천해야 하기 때문에 인성교육 프로그램을 계획할 때는 장기적인 안목과 전망을 가지는 것이 중요함 – 학교에서는 특히 학년이 바뀌어도 지속적이고 유기적인 인성교육이 이루어질 수 있도록 해야겠음
관계성의 원리	– 인성교육은 기본 바탕은 관계 형성에 있음 – 인성교육은 학생과 학생뿐 아니라 교사와 학생, 교사와 학부모, 교사와 교사 등 모든 관계 속에서 실시되어야 함 – 대상과의 바람직한 관계 형성이 전제되어야 인성교육이 성공적으로 이루어질 수 있음을 의미함 – 특히 학교에서 인성교육이 성공적으로 이루어지기 위해서는 교사와 학생 사이의 관계 형성이 제대로 이루어져야 하며 그러기 위해서 교사는 학생들에게 모범이 되고 친절한 생활 안내자이자, 도덕적 문제 발생 시 학생과 함께 고민하고 해결할 수 있는 자질을 가져야 함
자율성의 원리	– 학생들의 인성이 바르게 형성되기 위해서 무엇보다 중요한 것이 학생의 자율성에 바탕을 두어야 한다는 것임 – 이는 궁극적으로 인성교육이 학생 스스로 바른 도덕적 의식을 가지고 이를 실천해 가야하기 때문이며 최종적으로 학생 스스로에게 책임이 있기 때문임 – 또한 일상생활에서 당면하는 문제를 자율적으로 해결하려는 경험이 매우 중요하기 때문에 학교에서의 인성교육은 학생들이 본인의 자율성을 바탕으로 도덕적 문제를 해결해가는 실천적 경험 기회를 제공해야 함 – 저학년의 경우 자율성을 발휘할 능력이 덜 발달한 상태이므로 학년이 올라갈수록 자율적인 경험을 할 수 있는 기회를 늘려가야 함

2. 인성교육의 유형

가. 전문적인 교과지도를 통한 인성교육

일반적으로 학생들의 학교생활은 교사와 함께 이루어지는 수업 시간이 주가 된다. 특히 초등학교의 경우 학급 담임교사를 중심으로 이루어지기 때문에 담임교사의 수업 기술은 물론 수업 시간에 보여주는 모든 말과 행동은 학생들의 사고와 행동에 상당한 영향을 미치게 된다. 따라서 전문적인 교과 지도를 통한 인성교육은 현실적으로 가장 효과적이고, 지속적이며 통합적으로 이루어질 수 있는 시간이 될 수 있다. 예를 들어 수업을 하는 교사의 외형적인 모습이나 태도, 학생들의 사고를 자극하는 발문과 주의 깊은 경청, 학생의 대답에 대한 지지와 칭찬을 포함한 적극적인 피드백, 개별적인 지도 및 소집단 협력 학습을 관리하는 태도 등 수업 시간에 이루어지는 전 과정의 순간순간이 인성교육의 장이 될 수 있다.

전문적 교과 지도를 통한 인성교육에서 의미하는 교과는 '도덕과'라 할 수 있다. 초등학교 전 교과에서 지, 덕, 체를 통합한 교육이 이루어지지만, 개정 2015 도덕과 교육과정의 성격을 살펴보면 인성교육을 위한 전문교과는 도덕과 임을 알 수 있다. 이는 도덕과가 인간 마음의 구성 요소인 지, 정, 의, 즉 지성과 감정과 의지 모두를 다룬다는 의미이다. 다른 교과의 경우에도 인성교육의 요소나 도덕과 관련 덕목에 대한 내용을 다루고 있기는 하나, 부분적으로 또는 특정한 측면과 관련된 인성 교육만을 다룰 뿐이다. 이에 비해 도덕과는 지, 정, 의 모두를 종합적, 본질적으로 다루고 있다. 정리하자면 인성 교육에 필요한 도덕적 사고와 판단, 내면화, 행동 및 실천을 직접적이고도 실제적으로 다룰 수 있는 교과가 도덕과인 것이다.

나. 교실 도덕 공동체 형성을 통한 인성교육

학급경영은 학급 구성원 간 인간관계를 바탕으로 이루어진다고 볼 수 있다. 따라서 구성원 간 바른 인간관계를 형성하고, 지속하는 것은 성공적인 학급경영의 중요한 과제이다. 학급 내 인간관계는 크게 교사와 학생, 학생과 학생 사이의 인간관계로 나누어 생각해 볼 수 있다. 많은 연구논문을 통해 교사와 학생 사이의 관계에 따라 학생의 학업성취는 물론 학생 행동에 영향을 끼침을 알 수 있다. 다시 말해 교사와 학생 관계의 질이 학업성취, 학교에 대한 정의적 태도, 자아 존중감, 학생 생활 등 학생의 여러 측면의 행동에 영향을 미친다는 것이다. 교사와 학생 사이에 바람직한 관계를 형성하기 위해서 교사는 학생에게 미치는 교사의 영향력에 대해 충분히 이해할 필요가 있다. 학급경영이나 학생과의 관계 형성에 유능한 교사들은 대부분 학생에게 미치는 교사의 영향력에 대해 잘 이해하고, 이 영향력을 긍정적으로 사용하기 때문이다.

그렇다면 교사와 학생 사이에 바람직한 관계 형성은 어떻게 이루어질 수 있는가? 고든(T. Gordon)은 Teacher Effective Training에서 교사와 학생 간 좋은 관계 요건으로 다음의 다섯 가지를 들고 있다(박병량, 1997).

〈표 2-2〉 교사와 학생 간 좋은 관계 형성을 위한 요건

요건	내용
개방성(openness) 또는 투명성 (transparency)	교사와 학생 상호간에 솔직하고, 정직해야 한다.
보살핌(caring)	교사와 학생 상호간에 서로 존중되고 있다고 인식할 수 있어야 한다.
상호이존성 (interdependence)	교사와 학생 상호간 영향을 받는 것을 의미한다.

분리성(seperateness)	각자의 성장과 특성, 창의성, 개성을 발전시키는 것이 허용되어야 한다.
상호 욕구충족성 (mutual needs meeting)	상대방 욕구의 희생을 대가로 자신의 욕구를 충족하지 않아야 한다.

존앤존스(Jone&Jones)는 고든(T. Gordon)이 제시한 요건을 바탕으로 긍정적이고 효과적인 교사와 학생의 관계를 형성하고 유지하기 위해 첫째, 교사와 학생 간 적정 수준의 개방적인 관계를 만들어야 한다고 하였다. 둘째, 긍정적 대화를 통해 긍정적인 교사와 학생의 관계를 형성해야 하며 셋째, 교사는 학생에 대해 높은 기대를 전달하여야 한다. 또한 학생 활동에 대해 교사의 관심이 필요함을 강조하였다(박병량, 1997).

다음으로 학생과 학생 사이의 관계 형성을 통한 교실 도덕 공동체 형성에 대해 알아보고자 한다. 학생과 학생 사이의 인간관계는 학급 내에서 매우 중요한 자원이다. 학생 상호간 형성된 좋은 관계는 학급 활동과 학급 분위기에 긍정적인 영향을 미치지만, 나쁜 인간관계는 부정적인 영향을 미친다. 학생 상호간 바람직한 인간관계를 형성하고 발전시키기 위해서는 학생 상호간 관계에 미치는 요소에 대한 이해가 선행될 필요가 있다.

〈표 2-3〉 학생과 학생 상호간 관계에 미치는 요소

구분	내용	특징
형식적 인간관계	과업, 역할, 지위와 같은 학급 내 구조적 요인에 의해 이루어지는 인간관계	주로 학급의 목적과 관련된 과업 활동을 통해 이루어짐
비형식적 인간관계	친애, 소속감과 같은 사회 심리적 욕구에 의해서 형성되는 인간관계	개인적 만남, 사적 모임, 동호회 모임과 같은 교우관계를 통해 이루어짐

이 두 가지 형태의 학생 상호간 인간관계는 때로는 갈등상황에 놓이기도 하고, 상보적인 관계를 유지하기도 하면서 학생의 학교생활 전 과정에 영향을 미친다. 최근 사회적 문제가 되고 있는 집단 따돌림 현상이나 학교폭력문제는 학생 상호간에 발생하는 병리현상이라고 볼 수 있다. 이는 특히 고학년으로 갈수록 더욱 심화된 형태로 나타난다.

그렇다면 바람직한 학생 상호간 관계를 형성하기 위해서는 어떻게 해야 하는가? 교사는 학생과 학생 상호간 인간관계에 영향을 미치는 여러 가지 요인들을 고려하여야 한다. 또한 학생 상호간에 긍정적이고 바람직한 인간관계가 만들어질 수 있도록 학급 분위기를 조성해야 한다. 이를 위해 박병량(1997)이 제안한 내용은 다음과 같다.

첫째, 학생 상호간에 서로 알 수 있는 기회를 제공해야 한다. 예를 들어 학생들이 서로의 이름, 좋아하는 과목, 취미나 특기 등 서로에 대해 알 수 있는 기회를 주어야 한다는 것이다. 특히 이미 잘 알고 있는 친구가 아니라 서로를 잘 알지 못하는 친구 사이에 더 잘 알 수 있는 기회 등을 마련해야 한다고 보았다. 스무고개로 자신을 소개하거나 상자 속에 자신을 나타내는 물건을 넣고 누구의 물건인지 서로 맞춰보는 활동, 즉석 사진을 찍어 간단한 소개 글을 적은 뒤 학급 게시판에 부착해 놓는 활동 등을 할 수 있겠다. 특히 이러한 학생 상호간 알기는 학급 담임 교사의 역할이 매우 중요하다. 새 학년, 새 학급, 새로운 담임교사로 인하여 모두가 긴장하는 학기 초에 이러한 활동들이 이루어져야 하는 것이다.

둘째, 대화의 기회를 마련해야 한다. 학급 활동에서 학생 상호간 자유로운 대화가 이루어질 수 있는 기회를 많이 가지는 것이 중요하다. 예를 들어, 학급에 문제가 발생했을 때 학생들이 서로 대화를 통해서 문제를 해결할 수 있도록 한다. 또한 개인적인 대화의 시간을 충분히 확보하여 허용한다. 사람은 자신의 생각이나 감정, 견해 등을 말로써 표현하기 때문에 갈등 상황에서 대화를 통해 문제의 해결이 가능하다. 현대 사회에서 수많은 관계 악화의 이유로 대화의 단절, 또는 오해를 꼽는 것도 이 때문이다. 따라서 인성 교육을 위한 교실 도덕 공동체를 형성함에 있어서 대화를 회복하는 것은 매우 중요한 선결 과제라 볼 수 있다.

셋째, 집단 활동을 촉진해야 한다. 학습 활동이 일어나는 과정에서 협동 협력학습, 소집단 모둠 활동 등의 집단 학습 활동을 적극 활용할 수 있다. 이 때 학습 상황에 따라 이질 집단, 동질 집단 등의 유형을 다양하게 활용하되, 집단 구성 시 사전 학생 상호간 사회성 조사를 통해 이를 적용해야 할 것이다.

넷째, 개방적인 물리적 환경을 조성해야한다. 학생 상호간 의사소통이 활발하게 이루어질 수 있는 형태로 좌석을 배치하고, 물리적인 거리를 좁힘으로써 관계 형성이 보다 손쉽게 이루어질 수 있도록 해야 한다는 의미이다. 학급 전체 또는 모둠별로 'ㄷ', 'ㅇ' 자 형태의 자리 배치 등이 보다 활발한 의사소통이 일어날 수 있는 구조라 할 수 있겠다.

다섯째, 교사 역시 개방적이고 수용적이며 공정한 태도를 가져야 한다. 교사는 자신의 이러한 태도가 학생 상호간 태도 형성에 영향을 미친다는 사실을 기억하여 학생이 교사의 이러한 태도를 감지하고 인식할 수 있도록 해야겠다.

여섯째, 규칙과 질서를 마련해야 한다. 학급에서 발생하는 일을 규칙과 절차에 따라 처리함으로써 학생들의 신뢰를 얻고, 이를 바탕으로 일을 순조롭게 진행시킴으로써 학생 상호간 발생할 수 있는 문제들을 줄일 수 있다. 이 때, 규칙과 질서를 만드는 과정에서 학생들이 적극적으로 참여할 수 있도록 한다. 교실을 하나의 도덕 공동체로 만드는 일은 인성 교육의 중요한 과업이다. 학급에서 이루어지는 학생 자치회는 보통 집단을 의식적인 의사 결정 공동체로 만들기 때문에, 학생들이 스스로 최선의 가치와 그에 따른 행동을 이끌어 내도록 도울 수 있다.

다. 학급-가정 공동체 연계를 통한 인성 교육

인성교육의 원리에서도 살펴보았듯이 교육은 학교, 또는 가정이라는 한 공간에서만 이루어져서는 성공을 거두기 어렵다. 인성교육이 성공적으로 이루어지기 위해서는 학교와 가정 뿐 아니라 지역사회까지도 유기적인 관계 형성이 필요하다. 특히, 학급 담임교사와 학부모와의 관계는 학생 개개인의 교육을 위해서도 중요하지만 학교와 지역사회의 관계 형성을 위해서도 중요하다. 이 때 교사는 학생에 대해, 학부모는 본인의 자녀에 대한 올바른 이해를 가지고 있어야 학생 성장을 위한 올바른 교육적 결정을 내릴 수 있다.

따라서, 담임교사와 학부모의 관심은 학생에게 집중되어야 하며, 상호간 협력 속에서 교육이 이루어져야한다. 이렇게 가정과 효과적인 연계지도를 위해서 교사는 학부모들이 그들 자녀에 대해 궁금해 하는 것이 무엇인지, 상호 협력이 필요한 부분은 무엇인지 등에 대해 사전에 준비해야 한다.

학부모에 대한 교사의 바람직한 태도로는 다음과 같은 것을 들 수 있다(박연호, 1984).

첫째, 학부모의 의견이나 보호자로서의 권리를 존중해야 한다. 교사가 아무리 전문적인 지식과 기술을 가지고 있다고 할지라도 학부모의 의견을 무시해서는 안 된다. 교사는 학부모의 자녀에 대한 포괄적이거나 구체적인 의견을 잘 듣고, 이를 체계적인 지식으로 정리하여 학생 지도에 최대한 활용해야 한다. 또한 학부모의 보호자적 권리를 경시해서는 안 된다. 학부모는 자기 자녀를 양육하고 교육할 의무와 권리를 가지고 있기 때문이다.

둘째, 학부모가 부담 없이 학교를 방문하고 자유롭게 대답할 수 있는 분위기를 조성해야 한다. 교사는 공식적이고 정기적인 모임을 통해서만 학부모를 만나야 한다는 생각을 고수할 필요는 없다. 학부모의 방문은 부담 없이 자발적으로 이루어지는 것이 바람직하다. 교사는 학부모의 자발적 학교 방문을 고무하고 자유로운 분위기에서 교사와 학생 그리고 학부모간에 대화를 나눌 수 있는 기회를 제공하는 데 힘써야 한다.

셋째, 자녀교육을 학교에만 의존하려는 학부모의 태도를 바로 잡아야 한다. 교사는 학부모가 자녀교육을 전적으로 학교에 맡겨야 한다거나 맡기겠다는 생각을 하지 않도록 한다. 교사는 전문적인 식견과 지식 그리고 경험을 가지고 학부모가 자녀교육을 전적으로 의존하려는 생각과 태도를 바로 잡고 학생지도에 협조할 것을 요구해야 한다.

마찬가지로 교사에 대한 학부모의 바람직한 태도를 살펴보면 다음과 같다.

첫째, 교사를 긍정적인 태도로 대해야 한다. 학부모가 교사에 대해 부정적인 인식을 가지게 되면 학부모의 그러한 태도가 학생에게 전달되어 교육의 효과는 떨어질 수밖에 없다. 둘째, 수용적이고, 참여적인 태도를 가지고 교사를 도와야 하며, 셋째, 부모의 자녀교육에 대한 일치된 의견 수립이 필요하다. 아버지와 어머니는 자녀지도에 상호 일치된 의견을 수립하여 자녀를 교육해야 학생의 건전한 자아 성장에 긍정적인 영향을 미칠 수 있다. 넷째, 학교와 상이한 견해를 줄이려는 노력을 해야 한다. 학교에서 요구하는 행동양식이나 규범이 가정과 다를 때 학생은 갈등을 겪게 되므로 학부모는 자녀를 교육함에 있어 서로 다른 견해를 줄이도록 노력해야 한다. 마지막으로 학생 앞에서 교사에 대한 부정적인 표현을 하지 않아야 한다.

3

인성교육의
방법

1. 인성교육의 방법

이상 앞 장에서 살펴본 인성교육의 원리와 유형을 토대로 학교에서 할 수 있는
인성교육의 방법을 살펴보면 다음과 같이 정리할 수 있겠다.

〈표 3-1〉 학교에서의 인성교육 방법

구분	내용
독립된 교과로 인성교육	도덕 교과 외 인성교육이라는 독립된 교과를 개설하여 실생활과 연계된 실천, 체험 중심의 인성교육을 심도 있게 다루는 방법
기존의 정규교과를 통한 인성교육	각 교과별로 인성교육 요소 또는 덕목과 관련해서 실시하는 방법으로서 이론이나 지식 중심의 교육 내용과 방법에서 탈피하여 실천 중심으로 인성교육을 실시
창의적 체험활동을 통한 인성교육	봉사활동 영역이나 동아리활동에서 사회봉사나 수련활동 프로그램을 통해 인성교육을 실시하는 방법

| 생활 지도나 상담을 통한 인성교육 | 학교 자체적으로 실시하는 생활 지도 프로그램이나 집단 상담 또는 학급별 개별 상담을 통해서 인성교육을 실시하는 방법 |

2. 인성교육 중심의 교수 학습 방법

위와 같이 인성교육을 학교 내에서 실시하되, 구체적인 인성교육 수업 상황에서 적용할 수 있는 교수학습 방법을 살펴보도록 하겠다.

가. 토론학습

토론이란 집단 구성원이 함께 생각하고 작용함으로써 문제를 해결해 나가는 과정이다. 이런 토론을 수업에 적용하여 인성과 관련된 주제를 선정한 후 집단 구성원이 함께 서로의 생각을 주고받으면서 주제에 대해 심도 있게 사고할 수 있는 기회를 제공하거나 주제와 관련된 문제를 해결하는 방법을 찾을 수 있다. 다음은 토론학습에 관한 세부적인 내용을 정리한 것이다.

〈표 3-2〉 토론 학습

구분	내용
정의	교사와 학습자간 또는 학습자와 학습자간 문답과 대화, 토의와 논쟁의 과정을 통한 학습
목적	• 민주시민으로서 갖춰야 할 토론능력을 갖추기 위함 • 고차원적인 사고력을 키우기 위함 • 두덕성과 적의적 태도를 키우기 위함 • 학생 참여도를 높이기 위함

	Dillon(1994)	• 토론을 위한 준비 • 토론 질문의 제시 • 질문 검토 • 의사교환 • 토론의 종결
교수모델	Hill(1996)	• 사전준비 • 용어와 개념의 정의 • 내용의 일반 진술 • 중요한 주제와 하위 주제 설정 및 토론 • 토론에서 거론된 내용의 통합 • 토론 내용을 자신에게 적용하기 • 제공된 자료의 평가 • 집단 및 개인 성취의 평가
	Phillips(2005)	• 소집단 형성 • 토론 주제 정하기 • 문제 해결 방안 모색 • 소집단에서 합의된 내용 전체 회의에 보고 • 전체 토론 및 질의 응답 • 종합 의견 도출
	박수자(1998)	• 토의토론 과정 전 : 주제 선정, 사전 활동, 토론 방식 선정, 역할분담, 토론자 선발 등 • 토의토론 과정 중 : 시간 배분, 토론, 최종 발언 등 • 토의토론 과정 후 : 토론 종결 및 종합정리
일반적인 토론수업의 단계	주제 선정 → 안내 → 토론 전개 → 정리	

토론 수업의 각 단계를 하나씩 살펴보도록 하겠다. 먼저 토론을 하는 목적이나 의미를 반드시 확인한 후 주제를 정해야 한다. 특히 주제 선정 시 학습자들의 관심사나 능력 등을 고려하여 교사가 직접 결정하거나 학습자와 함께 협의하여 선정한다.

두 번째 안내 단계에서는 토의에 들어가기에 앞서 어떤 방법으로 토론을 할 것인지를 결정하고, 집단을 구성하며, 각 구성원별 역할을 분담해야 한다. 주제나 집단 구성원의 특성에 따라 토론의 형태나 집단 편성 방식 등이 달라질 수 있으므로 가장 토론이 활발하게 이루어질 수 있는 형태의 토론 방법을 결정하는 것이 중요하다. 또한 토론 주제와 관련된 개념이나 용어를 미리 정의하여 토론이 제대로 된 방향으로 흘러갈 수 있도록 해야 한다.

다음은 실제 토론이 이루어지는 토론 전개 단계이다. 토론 주제와 관련된 구체적인 대화를 통해 해결 방법을 찾거나 서로의 의사를 확인하여 어떤 결론에 합의하기 위해 노력해야 한다. 충분한 토론시간 확보를 통해 학습자간 상호작용이 원활하게 이루어질 수 있게 함으로써 질적으로 높은 수준의 학습이 일어나도록 한다.

마지막으로 토론한 내용을 정리하고 발표하는 단계이다. 종합적인 정리가 이루어지는 단계로서 토론 주제에 대한 내용 정리 뿐 아니라 토론 과정 전반에 관해 되돌아보는 시간을 가져 반성 및 평가가 이루어질 수 있도록 한다.

나. 프로젝트 학습

프로젝트 학습은 학습자가 주도적으로 주제와 관련된 학습 내용을 결정하고, 소주제별 집단을 조직하여 조사, 탐구, 발견 등을 통해 주제 및 문제를 해결하고 그 결과를 전시, 발표회 등의 방법으로 정리하는 것을 말한다. 이 과정에서 학습자는 실생활 문제해결은 물론 활동을 통한 학습을 통해 지적 성장을 도모할 수 있다. 또한 집단 구성우너간의 끊임없는 상호작용을 통해 인성교육에도 긍정적인 영향을 준다. 다음은 프로젝트 학습에 관한 전반적인 내용을 정리한 것이다.

〈표 3-3〉 프로젝트 학습

구분	내용	
정의	학습자가 흥미를 보이는 주제나 문제를 중심으로 학습 활동을 주도적으로 이끌어가는 학습 방법으로 주제교수 또는 주제학습이라고도 함	
목적	• 자기 주도적으로 학습하기 위함 • 독립적인 학습자가 되는 동시에 학습자간 상호작용을 통해 협동 및 협력하는 기회를 제공하기 위함	
교수모델	Wortham (1996)	• 계획 • 실행
	Meinbach, Rothlein, Fredericks (1997)	• 주제 선정 • 주제 조직 • 자료 수집 • 활동과 프로젝트 설계 • 주제단원 실행하기
	Lapp, Flood (1997)	• 주제 선정 • 자료 수집 • 학생 활동 찾기 • 집단 구성 • 주제 확대 • 평가하기
	Frazee와 Rudnitski (1995)	• 요구조사 • 주제선정 • 토픽연구 • 정당화 논리 작성 • 연계 증진을 위한 브레인스토밍 • 주제단원의 목표 정하기 • 프로젝트 선정하기 • 활동 계획 세우기 • 시간조정하기 • 평가 방법과 준거 정하기 • 통합프로그램 평가

| 일반적인
토론수업의
단계 | 주제
선정 | → | 소주제 및
학습내용
선정 | → | 주제학습
목표설정 | → | 주제학습
계획 | → | 주제학습
실행 | → | 평가 |

일반적인 프로젝트 수업의 단계를 살펴보면, 먼저 주제를 선정할 때 국가수준의 교육과정이나 학습자들의 흥미, 지역사회의 인적·물적 자원 활용 가능성 등을 고려해야 한다. 주제는 무엇보다 학습자의 흥미나 요구에 부합하는 것이어야 하며 하위 주제로 나누어질 수 있는 것이어야 한다. 또한 구체적인 자료나 자원 등을 수집할 수 있는 것이어야 하고, 교과 간 통합이 가능한 것이 좋다. 주제 선정 시에는 학습자가 직접 참여하게 하고, 학습자간 충분한 협의를 통해 선정할 수 있도록 한다.

두 번째로 소주제 및 학습 내용 선정 단계이다. 주제를 학습하기 위해 작은 단위로 나누고, 이와 관련된 학습 내용을 추출하는 과정이다. 이 때도 학습자들의 적극적인 참여가 필요하다. 브레인스토밍 등의 방법을 통해 주제를 의미 있게 학습할 수 있는 소주제와 관련된 학습 내용을 찾음으로써 보다 주제 학습을 구체화할 수 있다.

다음으로 주제망 작성 단계에서는 앞 단계에서 추출된 소주제와 학습 내용 등을 유의미한 단위로 조직해야 한다. 주제망을 작성하는 방법에는 여러 가지가 있겠지만 중요한 것은 주제와 관련된 소주제들과 학습 내용이 서로 어떻게 연관되는지 한눈에 알아볼 수 있도록 해야 한다는 것이다. 이 과정에서 주제에 부합하지 않거나 서로 잘 연계가 되지 않는 부분은 삭제하고, 미처 생각하지 못했던 소주제나 학습 내용이 추가되기도 한다.

주제망 작성까지 끝났다면 주제 학습에 대한 목표를 설정해야 한다. 목표는 프로젝트 학습이 모두 끝난 후 학습자에게 보여야 할 학습 결과라 할 수 있겠다. 따라서 인지적 영역 뿐 아니라 기능적, 정의적 영역까지도 모두 고려되어야 한다. 교사가 주제망을 분석하여 목표 설정이 제대로 이루어질 수 있도록 하되, 이 과정에서도 역시 학습자들이 참여할 수 있도록 해야 학습자들이 주제 학습의 목표에 관심을 가지고 이를 인식하여 활동을 전개할 수 있다.

다음은 주제 학습의 구체적인 계획 수립 단계이다. 즉, 주제를 학습하기 위해 학습 시간은 물론 학습 방법, 인적·물적 자원 활용 등에 관한 구체적인 계획을 세우는 것이다. 주제학습을 마무리하는데 필요한 전체 시간을 계획하고, 이를 운영하는 방법을 정하는 일, 학습주제를 해결하기 위해 개인이나 소집단, 전체 학급 단위 등 적합한 형태로 학습 조직을 구성하는 일 등 모두 이 단계에서 세부적으로 결정되어야 한다.

다음 단계는 이렇게 결정된 사항에 맞춰 실제로 주제 학습을 실시해야 한다. 주제 학습을 실시하면서 주제망 구성한 것과 주제 학습의 구체적인 계획이 모두 제대로 실행되고 있는지 여부 또한 확인해야 한다. 교사와 학습자간, 학습자와 학습자간 자연스러운 피드백을 통해 주제 학습을 촉진할 필요가 있는 것이다.

마지막으로 평가단계이다. 평가는 주제 학습을 진행한 학습자에 대한 평가뿐 아니라 주제 학습 전반에 대한 평가를 포함한다. 학습자 평가는 주제 학습을 진행하는 과정에 대한 평가 뿐 아니라 주제 학습의 학습 목표 달성 여부를 확인하는 총괄평가가 이루어질 수 있다. 주제 학습 전반에 대한 평가의 경우 진행 과정에서 실시한 학습조직이나 방법 등이 주제 해결에 효과적이었는지, 타당한 것이었는지 등에 대해 살펴봄으로써 다음 프로젝트 학습 계획 시 고려의 대상이 될 수 있다.

다. 협동 학습

개인이 공동의 목표를 달성하기 위해 다른 사람과 함께 활동하는 집단 지향적 활동을 협동이라고 하며, 협동 학습은 각기 다른 학생들이 동일한 목표 달성을 위해 함께 활동해가는 수업 방식이라 할 수 있다. 이러한 협동학습을 통해 공동의 목표 달성은 물론 그 과정에서 서로의 역할에 대한 책임, 서로에 대한 적극적이고 긍정적인 태도, 함께 목표를 달성했을 때의 성취감 등을 얻을 수 있다. 다음은 협동 학습에 관한 전반적인 내용을 정리한 것이다.

〈표 3-4〉 협동 학습

구분		내용
정의		학습 능력이 각기 다른 학생들이 동일한 학습 목표를 향하여 소집단 내에서 함께 활동하는 수업 방법
목적		전통적인 소집단 학습의 단점을 해결하며 학습자간 협력적인 상호작용을 촉진하기 위함
교수모델	JIGSAW 협동 학습	• 모집단활동 : 수업 주제 선정 및 설명, 주제에 따라 하위 주제 할당 • 전문가 활동 : 동일한 주제를 맡은 사람끼리 전문가 소집단 형성 및 학습 • 모집단의 재소집 : 전문가 집단 활동 서의 학습 내용을 모집단에 전달
	GI 협동학습	• 하위 주제와 소집단 조직 • 탐구계획 수립 및 역할 분담 • 소집단별 탐구 실행 • 발표 및 동료 평가
	Co-op Co-op 모형	• 학급주제 소개 • 학생 중심의 학급 토의 토론 • 모둠 구성을 위한 소주제들의 선택 • 소주제별 모둠 구성 및 모둠 세우기 • 소주제의 정교화 • 미니 주제 선택과 분업 • 개별 학습 및 준비 • 모둠내 미니 주제 발표 • 모둠별 발표 준비 • 모둠별 학급 발표 • 평가와 반성
	LT모형	• 수업목표 상세화 하기 • 소집단 크기 결정 및 소집단 학생배치 • 교실의 구성 및 수업 계획 수립 • 상호 의존성을 높이는 역할 분담 • 역할에 따른 과제의 명확한 제시 • 긍정적 목표 상호의존성의 구조화 • 개별적 책무성의 구조화 • 집단간 협동의 구조화 • 성취의 기준 설명 • 바람직한 행동의 상세화

| 일반적인
토론수업의
단계 | 수업목표
제시 및
학습태세 | → | 학습내용
제시 | → | 학생들의
팀조직 | → | 팀워크나
학습활동
전개 | → | 평가 | → | 학업성취
결과 인정 |

협동학습의 교수학습 절차는 여러 가지 모델이 제시되어 있어 모두 다루기는 어렵지만 일반적인 협동학습의 절차는 총6단계로 볼 수 있다. 먼저, 1단계 수업목표 제시 및 학습태세에서 교사는 수업 목표를 검토하고, 학습 태세 확립을 통해 학습 분위기를 조성해야 한다. 2단계에서는 교사가 학습자들에게 학습 내용을 제시한다. 다음으로 3단계에서는 학습자간 팀을 조성해 주거나 학습자 스스로 팀을 구성할 수 있도록 해야 한다. 4단계에서는 각 팀별로 학습활동을 전개해야 하며 5단계에서는 4단계에서 전개한 학습 활동의 결과를 정리하여 발표하고, 교사는 이에 대해 평가하도록 한다. 마지막 단계에서 교사는 학습자 개별 또는 팀별로 학업성취의 결과를 인정해 주도록 한다.

라. 창의적 문제해결학습

인성교육과 관련한 창의적 문제해결학습은 문제를 해결하는 가운데 학습자 개개인에게 자기 충족적 역할을 하여 학생들의 인격 형성에 긍정적인 영향을 끼침으로써 개인의 자아실현에 기여한다. 대표적인 창의적 문제해결학습의 모델은 다음과 같다.

<표 3-5> 창의적 문제해결학습(CPS모델)

구분	내용
Noller, Parnes, & Biondi(1976)	• 문제의 감지 : 교사가 제시하거나 또는 실생활에서 어떤 문제가 있음을 인지 • 혼란 또는 목표 : 심리적 혼란을 느끼고, 해결되기를 바라게 됨 • 사실발견 : 문제 파악을 위해 정보를 수집하고 분석 하는 단계 • 문제발견 : 최종적으로 해결해야 할 문제를 진술 • 아이디어발견 : 문제를 해결하기 위한 아이디어를 생각해 내는 단계 • 문제해결책 발견 : 최선의 아이디어를 선정하는 단계 • 수용발견 : 최종 선정된 아이디어를 구체화하기 위한 계획 수립 및 실행하는 단계

마. 조사 학습

조사학습은 말 그대로 어떤 현상이나 문제에 대해 조사하는 학습이다. 현상을 설명하거나 문제를 해결하기 위한 계획을 세워, 실행한 뒤 그에 대한 해결책을 마련하는 과정 속에서 학습이 이루어지는 것이다. 이 과정에서 학습자는 독립성과 자율성은 물론 책임감과 통제력과 같은 태도를 키워 인성 형성에 도움을 줄 수 있다. 조사학습의 대표적인 모델은 다음과 같다.

〈표 3-6〉 조사학습

구분	내용
Brown (2009)	• 토픽의 발견과 탐색, 확인 : 여러 주제들을 살펴보는 가운데 최종 토픽 결정 • 지식 기반 형성 : 선정된 주제에 대한 다양한 이론적 배경을 조사함으로써 지식 기반을 형성 • 조사할 문제, 질문에 대한 잠재적 목록 작성 : 조사해야 할 질문이나 문제 목록 작성 • 학습계획과 실행 : 적절한 조사방법을 선택하여 실행 • 데이터 분석과 결과의 해석 : 수집한 조사 결과를 차트, 표 등 적절한 형태로 정리 • 일반화 : 조사 결과를 토대로 결론 내리기 • 프리젠테이션 : 조사 결과를 발표하고, 이에 대한 피드백 받기

4

국내 인성교육 사례

국내의 인성교육은 연령에 따라 조금씩 다른 필요와 요구에 부합하여 이루어지고 있다. 유아, 초·중등, 대학생, 군인, 학부모를 대상으로 실시되고 있는 인성교육 프로그램에서 앞에서 제시한 10대 핵심덕목과 하위요소를 추출하여 분석해 보기로 한다.

1. 유아 인성교육 사례 및 분석

가. 예술(음악)적 체험

언어적 표현이 비교적 서툰 유아들에게 노래나 악기연주를 통한 자기표현 기회를 제공하고, 합창이나 합주를 통한 공동목표 달성은 협동심과 성취감을 길러주는 데에 큰 역할을 하였다.[18]

대상	유아	
인성교육 방법 및 목적	예술(음악)적 체험을 통한 인성교육	
	→ 음악을 통한 심미적 체험을 제공하여 아이들의 오감을 자극하는 활동적인 에너지를 불어넣고, 음악으로 표현하고 소통함으로써 자신감과 사회적 적응능력을 기르기 위함.	
연관 핵심덕목	긍정, 예절, 공감, 소통	
내용		덕목요소
− 인성 노래 부르기(긍정의 노래)		자기표현
− 클래식 음악에 맞추어 협동적 놀이 및 신체표현 활동		자기표현 참여
− 심리적 해소를 돕는 정서적 역할극(극놀이)참여		역할활동
− 독주 및 독창 발표회		자기이해 자기표현
− 세계 각국의 음악, 노래, 악기에 대한 학습		다문화 교육
− 뮤직 페스티벌(인성노래대회, 사랑의 합창, 리듬악기 합주)		공동체 의식 우정

나. 자연친화 활동 프로그램

자연과 더불어 살아가는 법을 직접 체험을 통해 익히면서 유아들이 자연보호의 필요성을 스스로 깨닫게 되었고, 다양한 자연친화 활동은 각박한 현대사회에서도 자연을 음미할 수 있는 힘을 길러주었다. 또한, 식물 재배의 전 과정에 참여함으로써 협력의 중요성을 깨닫고, 식물 뿐만 아니라 텃밭 생물들까지 소중히 여기는 생명 존중 사상을 이끌어 낼 수 있었다.[19]

18) 인성교육범국민실천연합 : http://www.insungedu.or.kr/
19) 교육부(2015), 인성교육 우수 유치원(제 3년차)의 우수사례(인천).

대상	유아
인성교육 방법 및 목적	자연친화 활동 프로그램
	→ 다양한 자연체험 활동을 통해 자연에 대한 친화감을 형성하고, 자연보호 및 생명 존중의 마음을 이끌어내며 자연과의 교감을 통한 정서 순화를 목적으로 함.
연관 핵심덕목	책임, 긍정, 공감, 세계시민

내용	덕목요소
– 유치원 텃밭을 활용한 자연체험학습장 조성	녹색성장
– 계절별 자연체험활동을 계획 · 운영하여 계절별 자연의 변화 체험	환경보전의식
– 연령을 고려한 재배식물 선정 후 파종 및 모종의 기회 제공	책임감,일손 돕기
– 텃밭 동물 및 곤충 관찰	생명존중
– 산책활동을 통해 자연변화에 따른 자연놀이 활동(민들레 홀씨 날리 기, 봉숭아 물 들이기 등)	자연보호
– 주변 자연물을 활용한 미술활동(나뭇잎 도장, 꽃접시, 꽃잎 염색, 솔 방울 팔찌, 낙엽 책갈피 등)	자기표현, 자연보호

다. 독서교육(독후활동)

자신이 소개하고 싶은 책을 직접 선정하며 자아성찰의 기회를 제공하고, 줄거리를 함께 파악하며 활발한 의사소통이 이루어졌다. 유아들의 언어발달 수준에 따라 표현방법을 달리하도록 하여 자신의 생각을 타인에게 발표함으로써 자기표현 능력과 자신감을 향상시킬 수 있었다. 또한, 유아가 소개한 책을 일주일간 도서관에 비치하여 다른 친구들과 각자의 느낀 점을 공유하며 서로 다름을 이해하는 분위기를 조성하였다.[20]

---

20) 교육부(2015), 전국 50대 교육과정 우수 사례본. p.164-167

대상	유아
인성교육 방법 및 목적	독서교육(독후활동)을 통한 인성교육
	→ 유아가 직접 선정한 책을 읽고, 느낌을 친구들 앞에서 발표하는 활동을 통해 자신감과 자존감을 기르고, 친구들과 생각을 공유하며 의사소통능력과 자기 표현력을 기르기 위함.
연관 핵심덕목	긍정, 존중, 공감, 소통

내용	덕목요소
– 부모님과 함께 읽은 생활주제별 도서 중 감명 깊게 읽은 책 선정(가정과 연계)	자기 이해
– 선정한 도서를 친구들과 함께 읽으며 줄거리 파악 후 생각 나누기	다양성 가치, 의사소통
– 독서 후의 느낌을 자기만의 방법으로 표현(그림, 문장, 단어 등)	자기표현, 자기이해
– 친구들 앞에서 느낌 발표하며 마음 전하기	공감, 자신감
– 소개한 책을 도서관에 비치하여 다른 유아들과 생각 공유하기 위한 환경 조성	상이성 존중

라. 통합교육 프로그램

인성교육 우수 어린이집인 ○○어린이집의 통합교육 프로그램은 일반학생과 통합반을 편성하여 운영되는데 이는 장애 아동들과 일반 학생들이 의사소통을 해보는 좋은 기회가 된다. 인성교육 프로그램에 참여한 대부분의 아이들은 초반에 장애아동에 대해 부정적인 인식을 가졌었지만 장애아동을 직접 만나보고 같이 이야기하고 놀아보니 일반아이들과 다를 바가 없다고 말했다.[21]

---

21) 노순규(2013), 『인성교육의 사례와 방법』, 한국기업경영연구원.

대상	유아
인성교육 방법 및 목적	장애학생과 일반학생의 통합교육 프로그램
	→ 장애학생과 일반학생의 통합반을 편성·운영하여 다양한 통합 교육 프로그램을 제공함으로써 장애에 대한 부정적인 인식을 개선하고 서로 도우며 살아가는 마음 을 기르기 위함.
연관 핵심덕목	예절, 공감, 소통

내용	덕목요소
– 장애학생과 일반학생 통합반 편성·운영	공감, 서로 돕는 생활
– '장애인식 개선 교육' 시행	편견 극복
– 미술·율동 관련 체험형 프로그램	협동심, 서로 돕는 생활
– 장애학생과 일반학생의 1:1 결연 활동	봉사, 우정, 이타심

2. 초·중등 인성교육 사례 및 분석

가. 학교문화 개선

교육 주체들은 서로 다른 입장 차이를 확인하고 조율해 나가는 과정을 통해 세대 간 갈등의 원인이 되는 서로간의 편견을 극복하고, 상대의 입장을 고려하며 올바른 방향을 잡아 배려하며 수용하는 태도를 기를 수 있었다. 또한, 자신들이 합의한 규칙을 준수해가는 것에 긍지심을 갖게 되었으며, 각 교육 주체들이 교육활동에 대한 주인의식을 가지고 스스로 참여하는 학교문화 형성에 도움이 되었다.[22]

---

22) 한국청소년정책연구원(2012), 학교규칙과 학생자치활동을 통한 인성교육 실천 방안_학술대회 및 우수사례 발표대회. p. 61-78

대상	○○중학교	
인성교육 방법 및 목적	학교문화 개선(학교규칙 제·개정 패러다임 변화)	
	→ 교육주체인 학생, 학부모, 교사가 학교규칙 제·개정 과정에 직접 참여함으로써 책임의식을 가지고 학교규칙을 준수하는 문화를 정착시키기 위함.	
연관 핵심덕목	책임, 긍정, 예절, 존중, 공감, 소통, 민주주의	

내용	덕목요소
– 교육 주체별 대표 선출하여 학교규칙 제·개정위원회 구성	애교심
– 학급회의, 학부모회의, 교사회의를 통한 각 주체별 의견 수렴(1차 시 안 협의)	자기표현, 참여, 표현의 자유
– 수렴된 의견을 정리하여 방청객의 참여하에 토론회(2차 시안 협의)	다양성 가치, 세대 간 편견극복
– 학교규칙 선포 및 선서식	약속/규칙, 준법정신

나. 해외아동 결연 프로그램

학급 단위로 실시하면 일회성으로 끝날 수도 있는 해외결연 기부활동을 학교차원에서 실시하여 해가 거듭해도 후원이 꾸준히 이어지도록 하였다. 학기 초, 세계시민교육을 실시하여 왜 우리가 지구촌 이웃들에게 나눔을 실천해야 하는지를 학생들 스스로 깨닫게 하고, 더불어 사는 세계시민의식을 갖도록 하였다. 또한 후원금은 가정과 연계하여 봉사활동을 통해 얻도록 하고 나의 욕구를 절제하고 절약하며 어려운 이웃을 도울 수 있다는 뿌듯함을 만끽하도록 하였다.[23]

23) 한유경 외(2012), 인성교육 강화를 위한 학교문화 선진화 방안 연구, 한국교육개발원. p.69-70

대상	○○초등학교	
인성교육 방법 및 목적	해외아동 결연을 통한 나눔 실천 교육	
	→ 한 학급당 한 명의 해외아동과 결연하여 매월 일정액을 기부하는 '한 학급 한 생명 살리기 운동'을 학교 차원에서 실시함으로써 생활 속에서 나눔과 배려를 실천하고 더불어 사는 세계 시민의식을 함양하기 위함.	
연관 핵심덕목	자율, 존중, 공감, 소통, 공존	
내용		덕목요소
- 학기 초 한 학급 당 한 명의 해외아동과 결연하는 결연식 실시 및 세계시민 교육		인류애, 인권보호
- 가정에서의 봉사활동 후 받은 돈이나 용돈을 절약하여 매월 30,000원을 학급별 모금		봉사, 나눔, 절약정신,
- 해외결연 친구들과 편지로 소통		문화 간 어울림

다. 문학적 체험 활동

학생들이 다양한 문학작품 감상 후 자신의 의견 및 창작물을 공유하며 자기표현 능력이 향상되었고, 자아정체성 확립에 큰 도움이 되었다. 또한 대부분의 문학 체험 활동이 집단 활동으로 이루어짐으로써 타인과 공동체에 대한 배려심이 신장되었고, 타인과의 의견 충돌이 생겼을 때에 바람직하게 해결할 수 있는 의사소통 능력이 길러졌다.[24]

---

24) 서울특별시교육연구정보원(2010), 다양한 문학체험을 통한 자아정체성 확립: 2010년 바른인성교육 실천사례 연구발표대회 보고서.

대상	○○중학교 3학년
인성교육 방법 및 목적	문학체험을 통한 자아정체성 확립 교육(국어교과 적용)
	→ 교육과정 내외에 인성과 관련된 다양한 문학작품을 추출하여 학생들이 경험하게 함으로써 메마른 정서를 순화시키고, 문학 감상을 나누는 다양한 활동을 통해 자 아정체성을 확립하고 바람직한 의사소통능력을 증진시키기 위함.
연관 핵심덕목	긍정, 존중, 소통

내용	덕목요소
– 시감상 말하기(토의 활동)	의사소통, 타인 존중
– 독서토론 활동	자기표현, 타인 이해, 이타심
– 독서기록장 작성 후 교사 피드백	자발성

라. 뮤지컬 제작 활동

뮤지컬 주제를 학급원이 직접 선정하고 역할을 나누어 제작의 전 과정에 자발적으로 참여하였다. 그 결과, 학생들은 책임감을 갖고 역할을 수행했으며 공동체적 연대감을 강화할 수 있었다. 여러 교과 및 창의적 체험활동과 통합하여 뮤지컬 제작활동을 진행하여 다양한 자기표현이 이루어졌고, 자신의 능력과 끼를 발견하고 발휘하며 자기이해 및 진로탐색에도 도움이 되었다. 완성된 작품은 지역 어르신들과의 행사에서 발표하였고 적극적 태도, 협동심을 학습하며 나눔 공동체 일원으로서의 삶의 태도를 체득하게 되었다.[25]

---

25) 인성교육범국민실천연합 : http://www.insungedu.or.kr/연구발표대회 보고서.

대상	중학생	
인성 교육 방법 및 목적	뮤지컬 제작 활동을 통한 인성교육(교과 · 창체 적용)	
	→ 노래 ,춤, 연기가 복합된 뮤지컬을 제작하고 발표하는 활동을 통해 구성원들이 자신의 끼를 발견하며 자존감을 회복하고, 공동체적 유대감을 형성하여 협력과 배려의 마음을 기르기 위함.	
연관 핵심덕목	책임, 긍정, 예절, 공감, 소통	

	내용	덕목요소
창체(자율)	– 학급회의를 통해 뮤지컬 주제 선정	자율
국어	– 대본 및 노래가사제작, 리딩 연습	자기표현, 자기이해, 우정 · 의리, 책임감, 서로 돕는 생활
음악	– 곡 선정, 배경음악 · 효과음 제작	
미술	– 무대배경 · 의상 · 소품 제작, 분장하기	
체육	– 춤 만들기, 연기지도	
기술	– 음악 편집	
지역 어르신 대상 행사에서 뮤지컬 작품 발표		열정, 자신감, 나눔

마. 역사 프로젝트 학습

역사 프로젝트 수업의 전 과정을 학생 주도로 진행해가며 학생 스스로 인성교육의 요소들을 체득할 수 있는 기회를 만들었다. 모둠 프로젝트를 준비하며 팀원 간 협력과 배려, 봉사하는 마음을 익혔고, 자연스레 발생하는 갈등을 스스로 해결해가며 서로 대화하며 이해하는 과정을 통해 자연스럽게 인성교육이 이루어졌다. 또한 수업 평가 후 '사회적 책임'과 관련한 핵심어를 선정하고 전 교과에서 습득한 지식을 총망라하여 토론하고 보고서를 작성하는 과정은 지식의 확장과 유연한 사고로 이어지기도 하였다.[26]

대상	고등학생
인성 교육 방법 및 목적	역사 프로젝트 학습을 통한 인성교육(사회교과 적용) → 학생이 수업을 계획하고, 준비하여 실제로 수업하는 역사 프로젝트 학습을 통해 스스로 몰입 하며 학습하는 과정을 경험하고 사회적 책임을 통한 인성교육을 이루기 위함.
연관 핵심덕목	정직, 책임, 긍정, 존중, 공감, 소통

	내용	덕목요소
주제선정 모둠구성	2인1조로 모둠 구성 후 각각의 주제를 맡아 직접 수 업 계획 · 준비 · 운영	역할활동, 책임
학습활동	학생이 원하는 형태로 수업준비(동영상, PPT, 역할 극 등)	자율성, 책임, 협력과 배려
학생수업	학생이 실제 수업 운영	자기표현, 자신감, 성취감
수업 평가	수업자평, 동료평가, 교사 총평	반성과 마무리, 공정한 판단
사회적 책임 프로젝트	'사회적 책임'관련 핵심어를 추출하여 전 교과 지식 을 총동원한 프로젝트 학습 후 발표	협력과 배려, 서로 돕는 생활

바. 지역사회 · 전문가 집단과 연계한 동아리 · 봉사 활동

◇◇고등학교는 동아리활동을 통하여 인성교육을 강화하고 사회성을 함양하며 봉사활동에 적극 참여하여 어려운 이웃과의 사회공동체 의식 함양하고자 하였다. 지역사회기관 및 전문가 집단의 협조로 학생들이 주말이나 공휴일에 활동함으로써 학습활동에 지장을 초래하지 않고 운영할 수 있었다. 학생들은 지역사회 봉사활동을 통하여 밝고 긍정적인 학생상을 정립하였으며, 학교와 지역사회와의 상호 신뢰

---

26) 인성교육중심수업지원센터 : www.topteaching.net/

를 구축하였다. 또한 동아리 봉사활동을 통하여 애향심을 갖게 되었으며, 학생으로서의 자부심을 가지고 교내·외 생활에 적극적으로 참여하게 되었다. 학부모와 지역주민은 공교육에 대해 신뢰할 수 있는 계기가 되었다.[27]

대상	◇◇고등학교	
인성 교육 방법 및 목적	지역 사회·전문가 집단과 연계한 동아리·봉사 활동	
	→ 지역 사회기관과 봉사 전문가 집단과의 연계를 통해 동아리 활동 및 봉사활동 체계를 구축하여 학생들이 사회에 기여하며 긍정적인 학생상을 정립하고, 지역에 대한 애향심과 학생으로서의 자부심을 기르기 위함.	
연관 핵심덕목	긍정, 공감, 소통, 세계시민, 민주주의	
내용		**덕목요소**
– 청소년지원센터와 또래 상담 교육, 상담기법 교육, 상담 프로그램 등을 협력 운영		적응, 공감, 이타심
– 병원 노인병동, 실버타운 등의 봉사전문가 집단과의 유기적 협조 체제 구축		나눔, 봉사, 일손 돕기
– 동아리 활동의 일환으로 지역 문화 활동 및 봉사활동에 적극 참여		애향심, 자부심, 시민성

3. 대학 인성교육 사례 및 분석

가. 교직 인성 프로그램 개발

대학 교육과정 내에서는 흔히 이루어지지 않았던 레일바이크, 카누타기 등의 체험 프로그램은 학생 서로간의 소통과 협동심 및 리더십을 증진시키는 데에 도움이

---

27) 한유경 외(2012), 인성교육 강화를 위한 학교문화 선진화 방안 연구, 한국교육개발원. p. 70

되었다. 또한, 미래의 교사라는 특수성을 가진 교대 대학생들은 자아정체성을 파악할 수 있는 심리검사를 통해 자신을 객관적으로 바라보고 이해하는 계기가 되었으며, 멘토(선배 교사) 혹은 교사라는 같은 꿈을 이루고자 하는 동료 학생들과의 소통의 장에서 서로의 교직관을 나누고 공감하며 교사로서의 사명의식을 다지는 시간이 되었다.[28]

대상	○○교육대학교	
인성 교육 방법 및 목적	교직 인성 프로그램 개발	
	→ 미래 교사로서의 정체성과 올바른 사도정신을 함양시키고, 사회성·감성·사명감 및 도덕성을 겸비한 미래교사 양성을 위함.	
연관 핵심덕목	책임, 긍정, 공감, 소통	
	내용	**덕목요소**
외부 체험활동	레일바이크, 천문대, 카누타기, 캠프파이어(레크리에이션)	역할활동, 서로 돕는 생활
특별강연	창의인성교육 특별강연, 교사의 영혼, 멘토(선배 교사)에게 길을 묻다	자아수용
집단 프로그램	알아차림 훈련	자기이해, 타인이해
	변화된 나의 모습 표현(페르소나)	자아성찰, 자기표현
	심리검사 활동(정체성 검사)	자아성찰
	나에게 교사란?(교사의 10계명)	다양성 가치, 공감, 책임의식

28) 인성교육범국민실천연합 : http://www.insungedu.or.kr/

나. 필수 이수 인성교육과정 운영

1,2학년 때에는 각각 3주, 2주간의 공동체 생활을 통해 소속감을 높이고 나 자신을 이해하는 계기가 되었으며, 타인을 이해하고 배려하는 공감적 의사소통 능력이 길러졌다. 3학년 때에는 16주간의 팀프로젝트 기반학습을 통해 세계적 관점에서 문제를 바라보고 해결하는 과정에서 다양한 관점의 차이를 이해하고, 세계의 문제에 참여하는 세계시민의식을 함양할 수 있었다. 이러한 학년별 인성교육과정을 필수이수과정으로 운영함으로써 사회 적응력을 높이는 인재양성에 도움이 되었다.[29]

대상	대학생	
인성 교육 방법 및 목적	필수이수 인성 교육과정	
	→ 1,2,3학년에 걸쳐 진행되는 인성교육과정을 필수이수과정으로 지정함으로써 자기이해능력을 높이고, 타인을 배려하고 협력하며, 나아가 참여와 실천을 통해 사회적 문제를 해결할 수 있는 인재 양성을 목적으로 함.	
연관 핵심덕목	긍정, 예절, 존중, 공감, 소통, 세계시민	

	내용	덕목요소
1학년 특별강연	기초소양교육	예절, 적응
	비전 수업	자기이해, 자아성찰
2학년	나를 알고 상대방 이해하기	경청, 존중, 다양성 가치
	주제 가지고 토론하기	자아성찰, 자기표현
	사회의 다양한 문화 인식하기	다원화적 가치 지향성
3학년	세계적 사회 문제 인식	시민성, 참여
	팀 프로젝트 통해 해결방법 찾기	문제해결, 민주시민

29) 서울여자대학교 바롬인성교육원 홈페이지 : home.swu.ac.kr/bahrom

다. 멘토링 제도 운영

　△△대학 ○○과는 "사회(산업체)가 요구하는 인성교육으로 인간성 확립"이라는 교육목표를 달성하기 위해 교수와 학생이 부담 없이 자주 만날 수 있고, 학과에 대한 다양한 체험을 할 수 있는 "멘토링 제도"를 운영하고 있다. 멘토링 제도를 통해 사제 간 수시 개별 상담과 경기도소방학교 및 119 구조대 소방관 체험 등이 이루어졌고, 이처럼 학과에 대한 관심을 적극 유도한 결과 동료 및 선후배 사이의 유대관계가 더욱 돈독해져 1,2학년 전체 정원 120명의 적은 인원으로도 3년 연속 체육대회 종합우승을 한 유일한 학과가 되었다. 이러한 인성교육을 받은 학생들은 졸업 후 회사에 취직해서도 성실히 근무하고, 선·후배 동료 간의 사우관계가 좋은 것으로 평가받고 있다.[30]

대상	대학생
인성 교육 방법 및 목적	멘토링 제도 운영을 통한 인성교육
	→ 교사와 학생간 멘토링 과정을 1학년 정규과목으로 채택하여 시행함으로써 대학 생활에 잘 적응하고, 사제간 혹은 선후배간 올바른 인간관계 형성을 통해 올바른 인성의 확립을 위함.
연관 핵심덕목	긍정, 공감, 소통

내용	덕목요소
− 학교생활 및 개인적 문제 발생 시 수시 상담	적응, 사제동행, 공감
− 수강 신청 및 강의지도, 진로 선택을 위한 인·적성 검사, 취업 지도 실시	자아수용, 적응
− 학생들의 요구를 파악하여 학과 관련 체험활동 실시	연대, 자신감

---

30) 대한설비건설협회(2010), 멘토링제도 운영으로 인성교육 강화, 이론·실무 겸비한 설비기술인 양성의: 용인 송담대학 건축·소방설비과. p. 83-87

4. 군인 인성교육 사례 및 분석

가. 군 리더십 집중교육과정 도입

초급간부들의 임무 수행 능력을 향상 시키고 지휘 역량 강화를 위해 양성교육기간을 12주에서 16주로 확대하며 '군 리더십 집중교육'과정을 도입·적용하였다. 전문적 프로그램을 적용한 인성교육을 받은 군 지도자는 다소 권위적인 분위기의 군 조직을 소통하고 배려하는 분위기로 전환시켜 장병들의 군부대 적응을 도울 수 있었다.[31]

대상	○○부사관 학교	
인성 교육 방법 및 목적	군 리더십 집중교육과정 도입	
	→ 초급 간부들의 인성역량 강화를 위한 학교 교육 혁신의 일환으로써 자신을 알고 타인을 이해하며 나아가 나라를 사랑하는 마음까지 두루 갖춘, 올바른 리더십을 함양한 군 지도자 양성을 목적으로 함.	
연관 핵심덕목	책임, 자율, 존중, 소통, 민주주의	
내용		**덕목요소**
− 나를 알기	·인성교육	자기통제 자기이해
− 타인 알기	·병영상담 ·지휘훈육	이질성 가치
− 리더십 이해	·리더십 ·임무형 지휘	상이성 존중
− 군대특성· 문화 알기	·군인복무규율 ·지휘훈육 ·군법·인권 ·안전문화 ·성 인지력	준법정신 자기통제 안전예방교육
− 대한민국 바로알기	·정신교육 ·안보교육	충성·애국심

31) 대한민국 국방부 홈페이지, 국방일보, 이영선기자. 2015.03.03

나. 독서운동을 통한 병영문화 개선

자유 시간 또는 동아리 활동을 활용하여 다양한 종류의 책읽기를 권장하였고 부대별 독후감 작성으로까지 이어지게 하여 책을 읽으며 사색하고 자기를 표현할 수 있는 기회를 제공하였다. 혼자서의 독서가 어려운 병사들은 독서 멘토에게 책 읽는 방법을 배워나갈 수 있도록 독서 멘토제를 실시하였으며, 독서 동아리를 운영하여 책 읽은 후의 소감을 함께 나누고 소통하는 장을 마련하였다. 이러한 독서문화 정착 이후 구타, 가혹행위, 군기문란 행위가 50% 절감되는 효과를 얻었다.[32]

대상	군인	
인성 교육 방법 및 목적	독서운동을 통한 병영문화 개선	
	→ 한 달에 2권씩, 군복무 기간 동안 총 50권 이상의 책읽기를 권장하는 "리딩1250"운동을 실시하여 군부대 내 독서문화를 정착시켜 병사들의 심리적 안정을 꾀하고, 독서를 통한 바람직한 소통의 문화를 만들기 위함.	
연관 핵심덕목	정직, 책임, 긍정, 자율, 공감, 소통	
내용		덕목요소
– 각 부대별 병영도서관 운영(도서구비)		성실, 의지, 올바른 마음, 과업계획
– 책읽기 우수부대 지휘관 및 다독왕 병사 선정하여 포상		
– 50권 이상 독서 병사 포상휴가 실시		
부대별 독후감 작성 후 우수자 포상		자기표현
독서 동아리 운영		공감, 자기이해
독서 멘토제		서로 돕는 생활, 봉사

32) 해병대 공식 블로그 날아라 마린보이 : rokmarineboy.tistory.com/

5. 학부모 인성교육 사례 및 분석

가. 새내기 학부모 인성교육

학부모의 인성 교육은 자신들을 위한 교육이라기보다는 자녀의 인성교육 방법을 안내하는 경우가 많다. 아래의 프로그램 역시 새롭게 자녀를 학교에 보내야 하는 학부모들에게 자녀와의 관계를 통해 인성교육을 올바로 시킬 수 있는 방법들을 사례 중심으로 안내하여 학부모들의 공감을 얻을 수 있었으나 교육의 내용이 자녀교육에 목표가 설정되어 인성교육이라고 하기 보다는 자녀교육이라는 제목이 더 정확하다고 할 수 있다.

대상	학부모	
인성 교육 방법 및 목적	새내기 학부모 인성교육	
	→ 취학 시기의 자녀를 둔 학부모에 대한 교육을 통해 자녀에 대한 학부모의 이해와 소통의 폭을 넓히고, 학부모의 자녀 인성교육 역량을 강화하기 위함.	
연관 핵심덕목	긍정, 예절, 공감, 소통	
내용		**덕목요소**
− ○○ 교육지원청 새내기 학부모 대상 초등학교 1학년 학부모 100여 명 대상 인성연수 실시		
− 자녀 인성교육에서의 부모 역할		책임
− 공감능력과 소통능력 향상		공감, 소통
− 갈등해결 프로그램과 의사소통 프로그램		공감, 소통

나. 학부모 평생 프로그램

학부모 평생 프로그램 운영은 많은 학교에서 단기성 학부모 인성 프로그램으로 운영하고 있지만 총 32시간으로 운영되는 학부모 면허 따기와 평생 배움 아카데미는 장기적이고 전문적인 학부모의 역량을 강화 시켜주는 좋은 프로그램이다. 또한 좀 더 다양한 프로그램으로의 접근을 위해 지역교육지원청과 연계한 연수 기회 제공은 매우 효과적인 방법이다. 학부모 면허 따기 프로그램 중 '나 바로알기'나 '부모는 아이의 거울이다' 등의 개별 프로그램은 학부모의 인성교육에도 매우 효과적으로 보인다.

하지만 평생교육 프로그램은 3년이라는 기간 동안만 활용할 수 있는 것으로 보여 장기적인 어른들의 인성프로그램이라고 보기에는 부족한 면이 있다.

대상	학부모	
인성 교육 방법 및 목적	학부모 평생 프로그램 운영	
	→ 부모로서의 역량을 갖춰 자녀의 성공적인 인생을 돕는 역할을 할 수 있도록 구성하여 장기적인 강좌로 프로그램 운영	
연관 핵심덕목	긍정, 자기이해, 공감, 소통	
내용		**덕목요소**
− ○○중학교 학부모 교육 프로그램으로 학부모 면허따기와 학부모 역량 강화 프로젝트를 실시		
− 학부모 면허따기는 전문 강사를 초빙하여 8차시에 거쳐 부모의 자격을 배워나가는 프로그램.		긍정, 자기이해, 공감, 소통
− 학부모 역량 강화 프로젝트는 평생 배움 아카데미와 지역교육지원청과 연계한 학부모 역량강화 기회 제공		자기이해, 공감, 소통

5

해외 인성교육
사례

1. 미국 인성교육 사례

미국에서 인성교육이 부활되고 확산되는 데는 정치권의 관심과 정책적 지원이
큰 역할을 한다. 1990년대 이후 인성교육의 필요성이 재인식됨에 따라 미 연방 의
회에서 인성교육에 대한 법안이 채택되고 이 법을 모태로 현재 미국 36개 주에서는
인성교육을 의무화하거나 강력하게 권장하는 세부적인 법이 시행되고 있다(정창우
외, 2013). 그 결과 미국에서는 학교의 도덕교육적 책무를 중심적인 과제로 인식하면
서 "좋은 인성"을 강조하는 새로운 인성교육 운동이 시작되었다(정창우, 2015). 민간
에서는 1992년 7월에 조셉슨 윤리연구소(Josephson Institute of Ethics)에서 인성교육
의 8가지 원칙을 채택한 아스펜 선언(Aspen Declaration on Character Education)을 발
표하였다. 아스펜 선언은 연구소, 교사연합, 대학, 윤리센터, 아동기관, 종교집단의
전문가의 참여로 이루어졌기에 그 의미가 더욱 크다.

1993년 3월에는 미국의 인성교육 핵심 기구인 인성교육파트너십(Character

Education Partnership, CEP)이 공식 출범하였다. 이 단체는 기업, 노동, 정부, 청소년, 학부모, 종교 단체, 대중 매체의 대표들로 구성되어 있으며 미국 내 학교들에서 효과적인 인성교육을 촉진시키기 위해 헌신하는 '비영리, 탈정치적, 탈종교적 개인 및 기관들의 연합체'이다. 인성교육 파트너십은 인성교육을 '학생들로 하여금 존중, 정의, 민주 시민적 자질, 자기 자신과 타인에 대한 책임감 등의 핵심 윤리적 가치를 이해하고 중요하게 생각하며 행동하게 하는 학습과정'으로 정의하고 있다.

2. 독일 인성교육 사례

독일의 인성교육에서 '인성'은 독일어 용례에서 '인간됨을 위한 교육' 혹은 '인격교육'과 같이 가치교육을 뜻한다. 독일의 교육은 전체적으로 인성교육(Charakterbildung)을 중요한 목표로 한다는 것과 독일의 인성교육이 학교 및 교과 내외를 포함하는 총체적 성격을 가지는 것이 특징이다. 즉 독일의 인성교육은 단편적인 정책이나 프로그램으로 이루어지는 것이 아니라 기본적으로 인성교육을 목표로 하며, 이는 우리나라의 전통교육에서 전인으로서 군자를 기르고자 했던 것과 유사하다(서민철, 2012).

독일의 교육은 총체적인 차원에서 인성교육을 지향하고 실천하고 있기 때문에, 단순히 독일이 어떠한 인성 프로그램을 실시하고 있는가를 탐색하려는 접근 방식은 유용하지 않다. 이에 독일의 교육 현상을 단서로 그 근원을 탐색해 들어가는 방법이 적절하다(이명준 외, 2011).

독일 인성교육이 특징은 독일 교육 전반의 현상, 학생들의 태도, 평가 방법, 발달적 관점, 역사적 관점에서 찾을 수 있다. 우선 독일 교육의 전반적인 분위기를 살펴보았을 때, 독일은 기본적으로 '저(low) 경쟁'이다. 저 경쟁의 특징을 갖추게 된 독일 고유의 역사 배경이 있겠지만, 우선 저 경쟁 교육으로 인하여 실현 가능한 수업 방식과 교육 제도, 평가 방법, 교육과정을 떠올릴 수 있으며 이는 곧 인성교육과 연결시킬 수 있다. 이외에도 학생들의 얌전한 태도, 유년기의 훈육, 절대 평가와 논술형 시험의 실시, 독일 특유의 교양시민계급과 사회 보장 등을 독일의 인성교육과 관련되는 특징으로 볼 수 있으며(이명준 외, 2011), 이들 특징들은 서로 영향을 주고 있으므로, 독일 교육의 전반적인 특징이기도 한 '총체적'인 관점을 유지하면서 독일의 인성교육을 탐색할 필요가 있다.

독일 교육은 저 경쟁 교육(low competitive education)이다(이명준 외, 2011). 기본적으로 절대평가 위주의 평가이며, 성적 평정 시스템은 6단계로, 일반적으로 기말고사에는 1~6점 중 어느 한 점수가 부여되고 평정은 교사가 실시한다. 독일 교육 현장에서는 상대평가, 등급, 한줄 세우기, 치열한 경쟁, 선다형 객관식 시험, 선행학습, 사교육이 존재하지 않으며 대신 모든 시험은 주관식 논술형의 논리력, 분석력, 이해력, 창의력을 동시에 평가하는 시험, 기초 중심의 스스로 깨닫는 학습이 존재한다. 저 경쟁 교육이 내포하고 있는 더 중요한 특성은 교육의 다양성이다. 즉 저 경쟁적인 학교 교육 풍토는 학교에서의 교육 활동의 다양성을 가져온다는 것이다(이명준, 2011). 독일의 초등학교는 1학년에서부터 학년이 올라갈수록 도구 교과(독일어, 영어, 수학)의 비중이 줄고 점차 인성교육의 내용을 담당하는 내용교과(윤리, 사회, 과학)의 비중이 증가하는 것도 가능하다(서민철, 2012). 저 경쟁 교육이 야기하는 교육활동의 다양성은 교수학습 방법, 교육과정과 평가에서의 다양성을 보장하며, 이는 곧 독일 교육 전반에 인성교육이 기본적으로 내재되게 하며, 총체적인 모습으로 구현되게 하는 기초 조건으로 파악된다. 평가에서의 다양성으로 보다 구체적으로 살펴보면, 독일 교육에서 평가는 주관식이다. 초등학교에서 중등까지의 모든 학교 내 시험 및 대학 입학시험에서도 객관식이라는 유형의 공식적 시험은 없다(이명준, 2011).

3. 일본 인성교육 사례

우리나라와 일본의 교육 환경 및 문화는 다른 어느 나라보다 유사점이 많다. 고도경제성장과정과 높은 교육열 문화, 학력중심사회, 치열한 대학입시경쟁과 막대한 학습량과 암기위주의 교육이 그러하다. 그 결과 학생들의 행복지수와 삶의 질은 하락하였고, 자살, 우울증, 학교폭력피해, 집단 따돌림과 같은 청소년 문제가 증가하고 교실 붕괴라는 위기를 겪고 있다.

일본은 집단 따돌림, 학교폭력 등 청소년 문제를 해결하기 위해 문제 발생의 근본적 원인을 교육제도의 문제로 파악하였다. 다시 말해, 학생들을 잘못된 교육 제도의 피해자로 여기고, 교육 개혁의 목표를 학생들의 여유와 복지 증진에 두면서 그 방법으로 과도한 학습 부담에서 해방시켜주는 길을 택하였다. 이것이 바로 '유토리 교육'이다(김원중, 2012).

'유토리(여유) 교육'에서의 '여유'는 학생, 학교, 가정, 교사, 부모, 사회 전체의 여유를 총괄적으로 나타내는 용어이다. 즉, 지식 주입 교육에서 벗어나 자연체험과 자원봉사에 적극적으로 참여할 수 있는 학생의 여유, 슬림화로 대표되는 학교의 여유, 자녀의 교육을 학교에만 맡기지 않고 생활습관이나 윤리관의 육성을 행할 수 있는 부모의 여유, 사회체험 등을 통해서 아동들의 교육에 적극적으로 관여할 수 있는 사회의 여유 등 이들을 모두 망라하는 포괄적인 의미이다.

일본 중앙교육위원회는 1996년 제 1차 보고서에서 '여유'의 필요성과 의미에 관해 다음과 같이 설명하고 있다(일본 교육개혁위원회, 1996; 남경희, 1999 재인용).

"우리들은 살아가는 힘을 기르기 위하여 학습자에게도, 학교에도, 가정이나 지역사회를 포함한 사회 전체에도 여유가 중요하다고 생각한다. 현재 학습자들은 바쁜 생활을 하고 있다. 이러한 가운데 살아가는 힘을 기르기는 어렵다. 학습자들에게 여유를 갖게 함으로써 비로소 학습자들은 자신을 발견하고, 스스로 생각하고, 또 가정이나 지역사회에서 여러 가지 생활체험이나 사회 체험을 풍부하게 쌓아가는 것이 가능하다. 이를 위해 학습자들이 가정이나 지역사회에서 보내는 시간, 즉 학습자들이 주체적, 자발적으로 사용하는 시간을 가능한 한 많이 확보할 필요가 있다."

유토리 교육에서의 여유는 단순히 시간적 여유만을 의미하는 것이 아니다. 마음의 여유나 생각하는 여유가 보다 더 필요하고 중요하다. 이런 점에서 여유교육의 의미를 정리하면 다음과 같다.

첫째, 여유는 학습자가 주체적인 삶을 영위할 수 있도록 하기 위해서 반드시 필요하다는 인식이다. 자신을 발견하고 스스로 생각하고 판단하고 행동하기 위해서는 발견하는 시간이나 여유, 생각하는 시간이나 여유가 주어지지 않으면 안 된다는 것이다. 여유가 없는 바쁜 생활 가운데에는 자신을 바라보고 생각하는 것이 불가능하고, 따라서 살아가는 힘을 길러가는 것이 곤란하기 때문이다.

둘째, 여유는 학생의 학교생활뿐만 아니라 가정이나 지역사회 생활에도 필요하다는 인식이다. 여유교육에서는 학습자의 체험 회복이 강조되는데, 이는 가정이나 지역사회 생활에서 여유가 없으면 불가능하다.

셋째, 여유는 학습자들이 자기 스스로의 시간과 활동을 지배하고 자주적, 주체적으로 활동하는 것을 의미한다. 학습자에게 주어지는 여유가 의미있게 활용되려면 학습자 스스로가 시간과 활동을 지배할 수 있어야 할 뿐 아니라 자주적, 주체적으로

활동할 수 있어야 한다(남경희, 1999)

2001년 문부과학성은 교육개혁권고안을 수용하여 소위 '레인보우플랜'이라는 '21세기 교육신생플랜'을 발표하였다. 이 계획안의 목표는 확실한 학력과 풍부한 마음의 육성, 즐겁고 안심할 수 있는 학습 환경의 정비, 신뢰받는 학교만들기, 봉사 활동과 체험활동의 추진, 세계 수준의 대학 만들기 등이었다.

하지만 2004년 OECD가 발표한 PISA 결과에 의하면 2000년 8위였던 독해력이 14위로, 1위였던 수학적 응용능력이 6위로 떨어져, '여유 교육'을 표방한 주5일제 수업과 교과과정의 난이도 하향조정 등이 학력저하를 불러왔다는 논란이 일었다. 이후 2008년 문부과학성은 학습지도요령(교육과정)을 개정하여 유토리 교육이 실시 된 지 30여년 만에 수업 시수를 늘림으로써 이제까지의 유토리 교육 노선을 전환하 였다.

4. 핀란드 인성교육 사례

2000년부터 시작된 OECD의 PISA 평가에서 핀란드의 학업성취도가 세계 최고 수준을 기록하면서 핀란드 교육이 세계적으로 알려지기 시작하였다. 핀란드의 15 세 아동들은 읽기, 수학, 과학, 문제해결력 등의 영역에서 세계 최고 수준을 보여주 었으며, 학업 성취도에 있어 학교 간 차이도 매우 적은 것으로 나타나 핀란드 사회 의 계층화 역시 심화되지 않았음을 나타내주고 있다(OECD, 2011).

핀란드 교육의 국제적 성과와 질에도 불구하고, 1990년대부터 학교에서 지속적 으로 발생한 학생 간의 괴롭힘 현상이 심각한 사회적 문제로 대두되면서 학생과 학 부모가 학교를 정할 때 중요한 고려 기준이 되기도 하였다. 그러나 핀란드 정부가 실시한 조사에 따르면 학생 간 괴롭힘 현상은 줄어들지 않았으며, 학교에서의 왕따 및 괴롭힘 비율은 국제 비교조사에서 평균보다는 약간 낮은 수준이었지만, 주변 국인 스웨덴이나 주요 국가들에 비해서는 여전히 높은 수준이었다(Ahtola, Haataja, Karna, Poskioarta, Salivalli, 2012).

이에 대해 핀란드에서 다양한 논의가 이루어졌고, 2005년도에 핀란드 교육문화부는 학교복지위원회(Commitee for School Welfare, 2005)를 구성하여 출범시켰다. 이 위원회는 핀란드 학교에서 학생 괴롭힘을 방지하기 위한 프로그램 개발을 제안하였다. 학생 괴롭힘 방지 프로그램인 키바 코울루(Kiva Koulu) 프로그램의 'KiVa'라는 말은 핀란드어 '괴롭힘에 맞서다(Kiusaamista vastaan)'라는 용어에서 앞 두글자씩 따서 만들어졌고, '코울루(Koulo)'는 핀란드어로 '학교'라는 뜻이다. 그래서 'KiVa Loulu'는 '괴롭힘에 맞서는 학교'라는 의미를 가진다(Salmivalli, 2010).

키바 프로그램 및 관련 연구에서 가장 중요하게 초점을 맞추는 부분은 바로 괴롭힘을 당하는 피해학생 주변에 있는 방관자들이다. 각 학급에서 일반 학생들이 왕따나 피해를 당하는 학생들을 도와주기 위하여 어떤 요인들이 중요한지에 대해 초점을 맞추었는데, 예를 들어 왕따나 피해를 당하는 학생을 도와주기 위해서는 우선적으로 이들에 대한 공감이 필요하다. 괴롭힘이 빈번하게 발생하는 학급의 학생들은 대체로 공감 정도가 낮았으며, 그 반대의 학급에서는 주변 학생들의 공감 정도가 높은 것으로 나타났다. 그런데 일부 학급에서는 왕따나 피해를 당하는 학생들에 대한 공감 정도가 높음에도 불구하고 실제 피해 학생들 도와주는 행동에는 적극적이지 않은 학생들이 많이 있음이 발견되었다. 이런 경우에 피해 학생들을 도와줄 수 있는 안전한 전략이 마련되어야 한다. 구체적인 전략은 다음과 같다(University of Turku, 2012).

① 방관자들의 압력은 가해자로 하여금 괴롭힘 행위를 그치게 할 수 있다. 가해 상황에서 외부의 개입은 가해를 종식시키는 지름길이 될 수 있다.

② 방관자들이 가해 상황에 대해 문제의식을 느끼게 되면 그들의 개입이 수월하게 진행된다. 즉 가해 행위를 보고 피해 당하고 있는 학생의 느낌을 상기시키고 토의를 통해 이를 내면화시키면서 방관에 머무르지 않고 참여를 하게 된다.

③ 방관하는 학생들이 괴롭힘 행위에 대해 친구들과 서로 이야기를 하게 되면, 자연스럽게 어떻게 하면 괴롭힘 행위를 그치게 할 수 있을까에 대해 관심을 갖게 된다.

④ 방관하는 학생들이 용기를 내어 어른들에게 이야기하면 괴롭힘 행위를 그치게 할 수 있다. 어른에게 이야기 하는 것을 고자질로 인식해서는 안 되며, 괴롭힘 행위를 그치게 할 수 있는 효과적이고 적절한 방법임을 깨닫게 해주어야 한다.

⑤ 방관자들이 각 학교의 키바 학교팀에게 이야기할 수 있는 용기를 갖게 한다. 키바 팀은 이야기한 사람에게 피해가 가지 않도록 하며 문제를 반드시 해결해 줄 수 있다는 확신을 학생들에게 심어 준다.

2009년 키바 프로그램이 도입된 이후에 핀란드에서는 괴롭힘 현상이 줄어들었을 뿐만 아니라 학생들의 스트레스와 우울증 등도 상당히 낮아진 것으로 나타나고 있다. 이 프로그램이 실시된 이후에 학생들의 사회성도 높아졌으며, 학교생활에 대한 만족도, 학습 동기 및 의욕도 함께 향상된 것으로 나타났다(Ahtola, Haataja, Karna, Poskioarta, Salivalli, 2012). 학교 간 무작위 대조 연구 결과에 따르면 키바 프로그램을 통해 언어적, 신체적 괴롭힘뿐만 아니라 사이버 괴롭힘도 줄어든 것으로 나타났다.

이런 성과와 아울러 학교에 대한 만족도, 학업성취 동기 등도 향상되는 것으로 나타났다. 또한 학교에서의 걱정이나 불안, 스트레스도 줄어드는 반면에 동료 학생들에 대한 대한 긍정적인 인식은 증가하는 것으로 나타났다.

5. 싱가포르 인성교육 사례

싱가포르의 다인종·다민족적인 사회 특성은 건국 초기부터 사회적 조화와 응집을 강조하는 교육과정을 도입하는 데 큰 관심을 가져왔다. 싱가포르 정부는 학교 교육과정의 핵심적인 특징을 핵심 가치(core value)의 전수로 삼았으며, 그 결과 싱가포르는 도덕성과 시민성을 결합한 형태로서의 '인성교육과 시민성'이라는 과목을 통해 도덕교육을 실시하고 있다.

싱가포르는 전통적으로 종교 지식 교육을 의무교육으로 실시해 왔으나 1989년부터 의무가 아닌 선택교육으로 전환하면서 종교교육을 폐지하기에 이르렀다. 종교 지식 교육이 사실상 폐지되면서 초·중등 도덕교육에 대한 전면적인 개혁 작업이 실행되었으며, 그 결과 1992년부터 새롭게 도입된 것이 지금의 '시민성과 도덕교육'(Civics and Moral Education, CME)교과이다. CME는 1988년 공표된 '공유된 가치들(shared values)'을 주요 내용으로 하며 1992년부터 연차적으로 도입되어 1995년까지 모든 학교에서 실시되었다.

이후 싱가포르 교육부는 21세기를 준비하는 관점에서 1999년에 싱가포르 학생들의 도덕적 인성 발달 및 나라에 대한 사랑과 헌신을 제고하고, 싱가포르가 직면할 미래에 대응하는 데 관련된 개념 및 내용을 보완하여 CME를 개정하였다. 개정 내용에는 초등학교의 경우 인성형성, 가족과의 결속, 학교에 대한 소속감, 사회의 부분이 되기, 국가적 자긍심과 충성심이었으며, 중등학교의 경우에는 인성 형성, 가족 관계, 공동체 의식, 우리 조국·우리 유산, 미래에의 도전이었다. 이 시기에 싱가포르의 도덕교육 교육과정 개발자들은 미국의 인성교육을 CME에 통합하려고 시도하였으며, 2006년에는 미국의 인성교육 이론을 충실히 반영하였다. 미국의 인성교육 이론에 근거하여, 행위와 행동이 일관되게 도덕적이고 그것이 도덕적 지식과 감정에 근거할 때, 개인은 훌륭한 인격을 갖춘 사람으로 발달한다고 보았다. 싱가포르 교육부는 인성의 구성 요소를 도덕적 지식, 감정, 행동으로 설명한 리코나(Lcikona)의 이론을 차용하였다(추병완, 2012).

CME의 내용체계에서 강조하고 있는 여섯 가지 핵심 가치(core value)는 다음과 같다.

① 존중(respect) : 자신만의 자아 가치 및 모든 인간의 본래적 가치에 대한 신념을 갖고 있을 때 개인은 존중을 드러낸다.

② 책임(responsibility) : 책임 있는 사람은 자신, 가족, 지역사회, 국가, 세계에 대한 의무를 갖고 있음을 인정하고 사랑과 결단력으로 자신의 책임을 완수한다.

③ 성실(integrity) : 성실한 사람은 윤리적 원리를 지지하고, 옳은 것을 고수할 용기를 갖고 있다.

④ 배려(care) : 배려적인 사람은 친절함과 동정심을 갖고 행동한다. 그는 지역사회와 세계의 보다 나은 발전에 기여한다.

⑤ 쾌활(resilence) : 쾌활한 사람은 정서적 강점을 갖고 있고 도전에 직면하여 견뎌낼 줄 안다. 쾌활한 사람은 용기, 낙관론, 적응력, 기지를 드러낸다.

⑥ 조화(harmony) : 조화를 소중히 여기는 사람은 좋은 관계를 유지하고 사회

적 일치를 촉진시킨다. 조화로운 사람은 다문화 사회의 일치와 다양성을 감지한다.

　이러한 여섯 개의 가치들은 '시민성과 도덕교육'의 중요한 학습 내용이 된다. 싱가포르에서는 초·중등학교에서 여섯 가지의 핵심 가치들을 공통으로 가르치고 있다. 학년별·학교급에 따라서 학습 내용의 깊이와 범위만 달라질 뿐 동일한 가치를 가르친다. 싱가포르의 '시민성과 도덕교육'은 독립된 인격체로서의 개인의 자율성과 정체성을 중시하면서도, 국가 정체성의 강조를 통해 다민족·다문화·다종교 사회에서 다양성 속의 통일성을 도모하고, 사회와 국가 발전에 헌신하는 인간을 육성하려는 데 초점을 맞추고 있다.

6

인성교육의
평가

1. 교육평가의 기능

교육평가란 교육과 관련된 현상에 대한 가치판단을 하는 과정이며, 정보를 수집 · 활용하여 교육적인 의사결정을 돕는 기능을 한다. 따라서 교육평가는 학습을 극대화시키기 위해 실시되어야 하며 학습과 교육과정에 최대한 도움을 주는 역할을 해야 한다.

전통적 평가 방식은 주로 정해진 답을 찾는 선다형, 단답형 중심의 일제고사가 대부분이었다. 이러한 평가 방식의 문제점은 첫째, 학력의 개념을 단순히 학업성취도와 동일시하는 왜곡된 학력관을 줄 수 있다. 둘째, 지적영역 평가에만 치중되어 정의적 영역을 거의 포함하지 못하고 있다. 이러한 '지식 쏠림'은 지식과 기능의 발달을 도왔으나, 고등정신능력(분석력, 판단력, 종합력 등)과 정의적 능력(흥미, 가치, 태도 등)의 발달을 저해하였다. 셋째, 평가의 목적이 대부분 입시를 위한 서열화, 분류 등 '줄 세우기'였기 때문에 지식의 이해와 암기 중심의 객관식 평가에 치중되었으며, 질적 평가는 신뢰도가 낮다는 이유로 배척되었다. 넷째, 평가 내용에 있어서 국어, 수학, 과학 등 주요 교과 지식에 편중되어 출제되었으며, 교과 이외의 역량은 의미 있게 평가되지 못했다. 이와 같이 양적 평가관은 교육평가의 본질적 기능과 의미에서 벗어나며, 학생의 발달·성장을 저해할 수 있다는 비판을 받아왔다.

따라서 학습의 질적 측면을 평가하고, 학습의 과정을 개선시키는데 도움을 주는 평가로의 변화가 요구되면서 모든 학생이 적절한 학습기회와 방법이 제시된다면 누구나 원하는 교육 목표에 도달할 수 있다는 '발달주의적 평가관'이 주목받기 시작하였다.

교육평가는 학생의 다양성을 인정하고 성장과 학습을 돕는 조력차원의 역할을 수행해야 한다. 즉, 여러 개의 보기 중에서 정답을 골라내는 선다형 평가, 상대평가, 양적 평가 등의 방식에서 벗어나, 학생의 발달을 중시하는 절대평가, 질적 평가 체제로 변화가 필요하다. 그리고 평가시기에 있어서도 학습활동이 종료되는 시점에 일어나는 일회적·부분적 평가가 아니라 학습활동의 모든 과정에 실시되는 지속적·종합적 평가가 되어야 한다. 이와 같이 전통적 평가와 새로운 평가체제를 종합적으로 비교하면 다음과 같다.

〈표 5-1〉 전통적 평가 체제와 새로운 평가 체제의 비교[33]

구분	전통적 평가	새로운 평가
평가관	상대평가, 양적 평가 중심	절대평가, 질적 평가 활용
평가내용	인지적 영역, 암기 위주	인지·정의적 영역 모두 강조

33) 교육부(2014). 성취기준에 근거한 전문교과 수행평가 매뉴얼, P.6-7. 재구성

평가방법	일회성 평가, 부분적 평가	지속적 평가, 종합적 평가
평가목적	선발 · 분류 · 배치	학습의 이해 · 지도 · 개선
평가시기	학습 종료시점에 평가 실시	학습 과정과 평가 일체형

2. 인성교육 평가의 방향

인성 평가는 인지적 영역에 국한된 평가가 아닌 정의적, 신체적 영역까지 포괄한 새로운 평가 방식에 기반한 '전인적 평가'가 실시되어야 한다. 따라서 인성교육은 학습의 결과뿐만 아니라 과정까지 평가할 수 있는 '과정중심 평가' 즉, '수행평가' 방식으로 실시되어야 한다. 수행평가가 직접적으로 인성과 연결되기는 어려우나, 수행평가 과정을 통해 학생들이 아는 것뿐만 아니라 배운 것을 실제로 행하는 기회를 제공함으로써 인성적 측면에 영향을 주기 때문이다. 그리고 학생들은 학습의 과정으로 진행되는 수행평가를 통해 능동적으로 학습에 참여하고 아는 것을 실제 생활에 적용하는 능력을 배양할 수 있게 된다. 그러므로 인성 교육에서는 학생 혼자만의 과제가 아니라 학생들이 서로 어울려 학습할 수 있는 수업 환경을 제공하고, 이러한 수업에 참여하는 학생들의 활동 모습을 평가하는 형식으로 실시하는 것이 바람직할 것이다. 이를 통해 학생들은 단지 과제 혼자 푼다는 단순한 활동을 넘어 타인과 함께 과제를 해결해 나가면서 긍정적인 관계를 형성해 나갈 수 있는 기회를 가질 수 있다.[34]

또한 인성 평가는 인성교육이 학생에게 정의적으로 어떤 영향을 주었으며, 태도

---

34) 교육과학기술부(2010). 창의 · 인성 교육을 위한 평가방법 개선

와 인식 등에 어떠한 변화를 주었는지 측정할 수 있는 것이어야 한다. 이를 위해서는 정의적 특성의 평가 방식으로 접근할 필요가 있다. 정의적 특성을 측정하기 위한 평가 방법으로는 첫째, 반 구조화된 질문지를 활용한 평가를 사용할 수 있다. 질문지에 적힌 답을 고르는 선다형식 질문보다는 응답자가 반 구조화된 질문에 대한 자신의 신념, 감정, 동기 등을 직접 단어 또는 문장으로 기술하는 방법이다. 둘째, 리커트(Likert)척도를 이용한 평정법을 사용할 수 있다. 즉, 응답자가 단계로 제시된 척도에 자신의 의견을 표시하게 하는 것으로 가장 소극적 반응에서 적극적 반응까지 선택하는 것이다. 이는 학생이 자신의 생각, 느낌, 감정 등에 관한 자기평가도구나 동료평가도구를 제작할 때 보편적으로 사용될 수 있다. 셋째 학생의 활동에 대한 관찰을 평가 방법이 있다. 학생의 언어적 행위 뿐 아니라 비언어적 행위, 특성 등을 교사 또는 동료 학생들이 관찰하고 평가하는 것이다. 관찰은 인위적으로 조작된 상황이 아니라 자연스러운 학습 상황에서 이루어져야 한다. 관찰평가의 유형에는 미리 관찰 평가할 내용과 시기, 시간 등을 결정해 놓고 관찰하는 '구조적 관찰법'과 미리 정해진 틀이 없이 관찰하는 '비구조적 관찰'이 있다. 넷째, 일기, 편지, 낙서, 자서전 등 개인의 정석적 특성이 드러난 글을 분석하는 '내용분석법'을 활용할 수 있다. 내용분석법은 양적 분석방법으로 행동을 제외한 학습결과 산출된 모든 자료를 대상으로 할 수 있다. 특히 학생들이 기록한 글을 주요 분석 자료로 한다.

이와 같이 인성교육의 결과 나타나는 학생의 정의적 특성의 평가를 위해서는 반 구조화된 질문지, 내용분석법, 리커트 척도, 관찰법 등을 활용한 평가도구가 필요하며, 학습의 결과가 아닌 수행 중심의 평가가 이루어져야 한다. 따라서 인성교육 활동시간에 수행평가로 활용하기 용이한 마인드맵, 액션플랜, 성찰일지, 학생 자기평가, 교사 관찰평가, 동료평가를 평가도구로 제시하고자 한다. 인성교육은 '아는 것'보다 '느끼고 실천하는 것'이 더 중요하며, 학생의 인식의 변화를 유도할 수 있도록 학습의 과정으로서 많은 평가활동을 학생 자신에 대한 반성적 성찰(reflective thinking)[35] 에 기반하여 구성하였다. 다음은 인성교육 평가도구 모습이며, 다음 장에서 구체적인 평가도구를 소개하고자 한다.

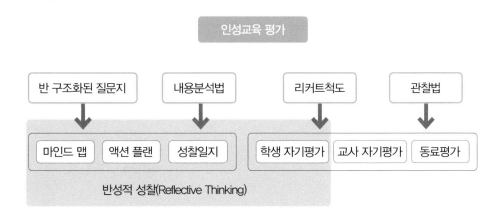

[그림 5–1] 인성교육을 위한 평가도구

3. 인성교육의 평가도구

가. 마인드 맵(Mind map)

마인드 맵은 학생이 주어진 핵심 개념을 중심으로 관련된 아이디어를 사방으로 전개하는 형식으로 그려냄으로써 사고 작용을 한 눈에 보여줄 수 있다. 따라서 학생

---

35) 김현미 (2015). 융합인재교육에서 반성적 실천 역량 함양을 위한 가지평가활동 모형 개발, 박사학위 논문, 경희대학교

이 그린 마인드 맵의 단어들과 연결 관계를 통해 인지 수준, 유창성, 창의성 등을 평가할 수 있으며, 생각을 시각적 형태로 인식할 수 있기 때문에 다른 평가 방식보다 새로운 사고 생성 여부를 쉽게 확인할 수 있다.[36)]

평가도구로써 마인드 맵을 사용하기 위해서는 하나의 마인드 맵을 두 차례 또는 그 이상 덧그리기 활동으로 진행한다. 이때 각 각 필기구의 색을 달리하여 단계별 활동을 비교함으로써 평가할 수 있으며, 학생과 추가적인 면담을 통해 나열된 단어의 의미를 파악할 수도 있다. 다음은 인성 평가도구로 활용 가능한 〈마인드 맵〉의 예시이다.

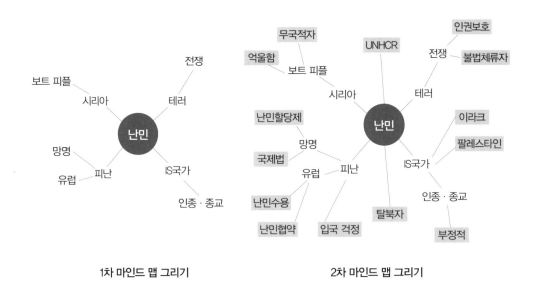

1차 마인드 맵 그리기   2차 마인드 맵 그리기

[그림 5-2] 인성교육 평가도구로서 〈마인드 맵〉 양식

36) 강인애, 김현미 (2014). 초·중등교사 대상 문화다양성 연수프로그램 시범사례 분석. 학습자중심교과교육학회, 14(2). 253-282.

나. 액션플랜(Action plan)

액션플랜이란 학생들이 생각, 느낌, 각오 등을 구체적으로 실천 가능한 내용과 방법으로 작성하는 것이며, 인성수업 결과 학생들이 구체적인 액션플랜을 작성하는 일은 실천 의지 고양 및 실천이 용이하도록 해 준다. 따라서 액션플랜은 인성교육에 있어서 수업 활동임과 동시에 평가도구로 활용될 수 있다.

액션플랜은 언제, 어디서, 무엇을, 어떻게 할 것인지 등에 대한 반 구조화된 질문을 제시함으로써 학생들이 실천계획을 작성하는데 도움을 줄 수 있도록 하는 것이 좋다. 그러나 학생들이 실천하기 힘든 추상적인 활동을 선정하거나, 장기간의 노력 또는 고비용이 드는 활동을 실천 내용으로 선정하지 않도록 유의해야 한다. 다음은 인성교육의 평가도구로써 〈액션플랜〉 양식을 도식화 한 것이다.

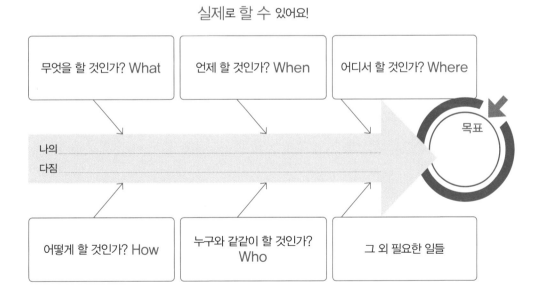

[그림 5-3] 인성교육 평가도구로서 〈액션플랜〉 양식

다. 성찰일지(Reflective Journal)

성찰일지란 학생들이 학습경험과 과정에 대하여 스스로 성찰하는 글을 쓰는 활동으로 학습에 대한 자신의 느낌, 생각, 행동, 신념 등을 진솔하게 표현하는 것이다. 그리고 성찰일지를 작성함으로써 자아성찰, 분석, 반성의 기회를 가질 수 있기 때문에 학습의 과정이면서 동시에 평가의 과정이 된다.[37)

교사는 성찰일지를 통해 표면적으로 측정하기 어려운 학생 내면 심리 즉, 학습 태도, 흥미, 긍정적 자세, 자기조절 능력 등을 '내용분석'을 통해 확인할 수 있기 때문에 인성교육에서 평가도구로 활용가능성이 높다. 다음은 인성교육의 평가도구로써 〈성찰일지〉의 양식이며 학생의 수준에 따라 비 구조화된 질문지 양식을 변형할 수 있다.

수업을 마치고	이름 :
1. 이 수업을 통해 무엇을 배우고, 느꼈나요?	
2. 어떤 활동을 통해 그것을 배웠나요?	
3. 배운 내용을 어디에 적용해 볼 수 있을까요?	
4. 아쉬운 점이나 어려웠던 점은 무엇인가요?	
5. 더 알고 싶은 내용은 무엇인가요?	
6. 나의 역할은 무엇이고, 어떤 기여를 했나요?	

[그림 5-4] 인성교육 평가도구로써 〈성찰일지〉 양식

라. 학생 자기평가(Self Assessment)

학생 자기평가 활동은 학생들이 자신의 학습결과에 대하여 교사가 제시한 관점이나 내용에 따라 스스로 평가하는 활동이며, 그것을 이용하여 교사가 학생을 평가하는 방법이다. 평가과정에 학생들이 참여함으로써 학습수행 과정과 결과에 대한 반성적 사고, 책임감 및 자기주도적 학습력 향상 등 긍정적인 영향을 준다.

인성교육의 평가 도구로써 학생 자기평가는 학생들의 인지, 정서, 행동 등 전반적인 요소를 평가 관점으로 제시할 수 있다. 이를 통해 학생들은 스스로 자신에 대한 반성적 성찰을 통해 평가활동에 참여할 수 있게 된다. 다음은 인성교육의 평가도구로써 활용가능 한 학생의 자기평가 도구를 학생의 눈높이에 맞게 도식화 한 것이다.[38]

[그림 5-7] 인성교육 평가도구로서 〈학생 자기평가〉 양식

마. 교사 관찰평가

교사 관찰평가란 수업시간에 학생 개인 또는 소집단들이 보여주는 문제 해결을 위한 전반적인 활동을 관찰·기록하여 이를 평가에 사용하는 것을 말한다. 교사는 수업 중 관찰을 통해서 학생들의 문제해결 활동 등 인지적 영역뿐만 아니라 학습태도, 교우관계, 갈등해결 능력 등 정의적 영역까지 가늠할 수 있다.[39] 따라서 교사의 관찰은 학생들의 인성적 요소를 측정하는 평가활동으로 사용된다.

그러나 관찰 결과를 자세하게 누가 기록하는 등의 평가활동은 시간적, 공간적으로 많은 불편과 제약이 따른다. 그러므로 교사는 수업 시간에 관찰 할 평가요소, 구체적 평가 내용 등을 정한 후 이를 리커트 척도 또는 체크리스트형식으로 구성할 수 있다. 다음은 인성교육에서 활용 가능한 〈교사 관찰평가〉 양식의 사례이며 평가요소와 평가내용은 수업 상황과 학생의 수준 등에 맞게 수정하여 사용할 수 있다.

모둠명				
평가요소	평가 내용	하	중	상
책임	모둠활동에서 책임감을 가지고 자신의 역할을 잘 수행하는가?			
의사소통	팀원과 원활한 의사소통을 통해 문제를 해결하기 위해 노력하는가?			
존중	타인의 의견과 권리를 존중하는 태도로 학습활동에 임하고 있는가?			
자율	과제 해결, 시간관리, 자료 정리 등을 스스로 해 나갈 수 있는가?			
종합의견				

[그림 5-5] 인성교육 평가도구로서 〈교사 관찰평가〉 양식

37) 강인애, 정은실 (2009). 성찰저널 지닌 교육적 의미에 대한 탐구. 교육방법연구, 21(2), 93-117.

38) 김현미 (2015). 융합인재교육에서 반성적 실천 역량 함양을 위한 가지평가활동 모형 개발, 박사학위 논문, 경희대학교

바. 동료평가(Peer Assessment)

동료평가란 동료 학생들이 평가기준에 따라 서로를 관찰하고 평가하는 것이며, 이를 이용하여 교사가 학생들을 평가하는 방식을 말한다. 특히 학생 수가 많아 교사 혼자서 모든 학생들을 평가하기 힘든 상황에서 유용하게 활용할 수 있다. 또한 학생 평가에 교사 이외에 동료 학생이 참여함으로써 수업 분위기 조성 및 학습의 주체로서 책무성을 가질 수 있다.

동료평가에서 유의할 점은 학생들 간에 평가로 인한 오해 · 갈등이 생기지 않도록 해야 한다는 것이다. 따라서 평가 기준 또는 내용은 수업 전 학생들에게 공지하여 바람직한 평가 과점이 형성되도록 해야 한다. 그리고 평가 결과의 공정성을 높이기 위해 상황에 따라 극단적으로 높거나 낮은 점수를 제외한 평균내기, 평가자 익명성 보장 등을 함께 적용할 수 있다. 다음은 인성교육에 활용 가능한 〈동료평가〉양식 중의 하나이다.

평가 내용	아주 부족	조금 부족	보통	잘함	아주 잘함
친구의 의견을 존중하고 예절바르게 행동하나요?					
주어진 과제를 책임감 있게 수행하나요?					
스스로 해야 할 일을 찾아서 할 수 있나요?					
친구들과 협력해서 문제를 해결하나요?					
친구의 태도에 대한 나의 의견을 써 주세요.					
평가 받는 친구		평가하는사람			

[그림 5-6] 인성교육 평가도구로서 〈,동료평가〉 양식

2부

인성교육 수업의
실제

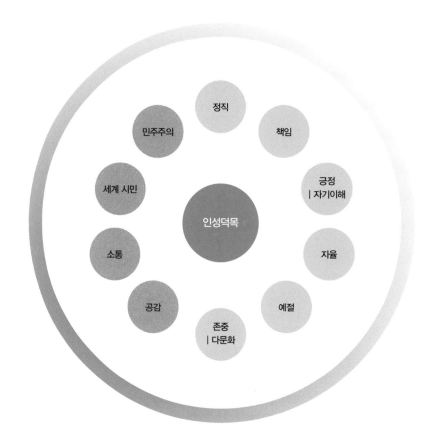

[그림 1] 초등학교 기본 인성덕목

교육은 인간을 대상으로 한다는 점에서 모든 영역에서 인성교육을 수반해야
만 한다. 특히 초등학교는 학생발달 단계와 맞물려 개인의 인격을 만들어가
는 매우 중요한 시기이며, 다른 사람과 어울려 사회를 살아가기 위한 기초교
육을 한다는 점에서 더 중요한 역할을 수행하고 있다. 따라서 2부에서는 초
등학교에서 운영할 수 있는 인성교육 프로그램을 10대 인성덕목 중심으로
소개하고자 한다.

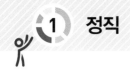

정직

❶ 소개

초등학교에서 운영할 수 있는 10대 덕목 중에서 정직은 초등학교 저학년 때부터 꾸준하게 가르쳐야 할 가장 기초적이고도 기본적인 덕목 중 하나이다. 정직이란 바르고 곧은 심성으로 자기의 양심을 속이지 않고 올바른 정신을 가지고 이에 따라 행하는 마음을 의미한다.

정직과 관련된 인성교육 요소로는 공정한 판단, 절약하는 생활, 성실한 생활, 권리와 의무, 책임, 올바른 마음, 양심, 용기, 의지, 정의감 등을 들 수 있으며 본 프로그램에서는 공정한 판단, 절약하는 생활, 양심, 용기, 정의감을 중심으로 활동을 구성해 보았다. 다음은 각 하위 요소별 프로그램에 대한 소개이다.

❷ 프로그램 소개

프로그램명	소 개	비 고
지킴이 되기	복도 통행을 지도하는 지킴이가 되어 친구의 행동을 공정하게 판단하고 행동할 수 있게 하기	공정한 판단
잔반 줄이기 대작전	먹을 만큼 음식을 받고, 받은 음식은 다 먹는 운동을 통해 절약하는 생활 습관 가지기	절약하는 생활
양심 가게	우리 반 양심 가게 운영계획을 세우고 실천함으로써 양심 있는 행동에 대해 알기	양심
사라진 우유	자신의 실수를 솔직하게 인정하는 용기의 중요성에 대해 알고 실천 다짐하기	용기
그만 멈춰!	학교폭력 상황에서 자신이 할 수 있는 일 생각하여 보기	정의감

❶ 지킴이 되기

수업개요	공정한 판단의 중요성을 알고 이를 실천하기 위한 실천계획 수립 및 실천 다짐 활동으로 구성됨		
수업자료	컴퓨터, 참고 동영상	소요시간	1차시

1. 도입

- **생각열기**
  - 경찰관이 교통위반 단속 중 누구는 봐주고, 누구는 벌한다면 어떻게 될지 생각해 보기
- **학습목표 제시**
  - 공정한 판단의 중요성에 대해 알고, 실천할 수 있다.

2. 전개

활동 1 **'지킴이의 고민' 이야기 읽기**
- 복도에서 통행 지도를 하게 된 지킴이의 고민 이야기 읽기
- 지킴이가 하고 있는 고민의 의미 파악하기

활동 2 **'내가 만약 지킴이라면?' 토의 학습하기**
- 지킴이가 되어 나라면 어떻게 행동할지 생각해보기
- 모둠별 토의 활동을 통해 문제 상황 해결해보기

활동 3 우리 반 지킴이 선정 및 활동 계획하기
- 학급 내에서 지킴이를 선정하여 일주일간 실천 계획 세우기
- 지킴이가 지켜야 할 행동 실천 다짐하기

3. 정리

공정한 판단의 중요성에 대해 이야기하기
- 교우 관계를 비롯한 실생활 속에서 공정한 판단 실천다짐하기

TIP

원활한 토의 학습이 이루어질 수 있게 사전에 소집단으로 학습조직을 만들고 지킴이 활동은 학급 자치회활동과 연계되게 한다.

❷ 잔반 줄이기 대작전!

수업개요	절약하는 생활의 중요성을 알고 이를 실천하기 위한 실천계획 수립 및 실천 다짐 활동으로 구성됨	
수업자료	컴퓨터, 참고 동영상	**소요시간** 1차시

1. 도입

- **생각열기**
  - 음식물 쓰레기 처리로 환경오염이 심각한 문제를 보도하는 뉴스 영상을 보고 자기 생각 이야기하기
- **학습목표 제시**
  - 절약하는 생활이란 무엇인지 알고 실천할 수 있다.

2. 전개

활동 1 '우리 반 급식시간' 사진 보기
- 평소 우리 반 급식 시간의 모습을 담은 사진을 모아 반 친들과 함께 살펴보기
- 잘 되고 있는 점과 잘 되지 못하고 있는 점 찾기

활동 2 음식물 쓰레기를 줄이기 위한 다양한 노력 조사하기
- 지방자치단체 또는 다른 반에서 음식물 쓰레기를 줄이기 위해 어떤 노력을 하는지 인터넷 검색 및 인터뷰 실시하기

활동 3 우리 반 '잔반 줄이기 대작전' 운영 계획 세우기
- 음식물 쓰레기를 줄이기 위해 할 수 있는 일 찾아보기
- 우리 반 잔반 줄이기를 위한 규칙을 만들고 실천 다짐하기

3. 정리

절약하는 생활의 중요성에 대해 이야기하기
- 잔반 줄이기 대작전 수행 규칙 지키기를 통해 내면화하기

TIP

정해진 규칙을 급식시간과 연계하여 지도함으로써 실질적인 실천은 물론 습관의 내면화가 이루어질 수 있도록 한다.

❸ 양심 가게

수업개요	우리 반 양심 가게 운영계획을 세우고 실천함으로써 양심 있는 행동에 대해 알아보고 실천하는 활동으로 구성됨		
수업자료	컴퓨터, 참고 동영상	소요시간	2차시

1. 도입

- **생각열기**
  - 제주도의 무인 가게에 관광객들이 양심을 지키지 않는 행동을 보도한 뉴스를 보고 자기 생각 이야기하기(중도일보 신문기사, http://m.joongdo.co.kr/jsp/article/article_view.jsp?pq=201506180087)

- **학습목표 제시**
  - 양심 있는 행동이 무엇인지 알고 실천할 수 있다.

2. 전개

활동 1 **'벽오리 무인 가게' 이야기 읽기**
- 사람들에 대한 믿음과 신뢰로 시작한 벽오리 무인 가게 이야기를 읽고 무인가게에 대해 이야기 나누기

활동 2 **우리 반 '양심 가게' 운영 계획 세우기**
- 우리 반에 어떤 양심 가게를 운영하면 좋은지 이야기해보기
- 양심 가게 운영 방식 결정 및 계획 세우기

활동 3 **우리 반 '양심 가게' 운영 실천 다짐하기**
- 계획에 따라 양심 가게를 양심적으로 운영할 것을 다짐하는 양심 실천 서약식 열기

3. 정리

양심적인 행동의 중요성에 대해 이야기하기
- 양심가게 운영을 통해 생활 속에서 양심 있는 행동 실천하기

TIP

학생들이 기증한 물건을 바탕으로 양심 가게를 운영하되, 양심에 따라 낸 돈은 불우한 이웃을 위해 기증할 수 있도록 한다.

❹ 사라진 우유

정 직

수업개요	자신의 잘못까지도 솔직하게 시인하는 행동의 중요성에 대해 알아보고 실천을 다짐하도록 구성됨
수업자료	컴퓨터, 참고 이야기

소요시간　1차시

1. 도입

- **생각열기**
  - 거짓말을 해서 나쁜 결과를 가지고 왔던 경험, 솔직하게 이야기해서 좋은 결과를 가지고 왔던 경험 이야기하기
- **학습목표 제시**
  - 솔직히 이야기하는 행동의 중요성에 대해 알 수 있다.

2. 전개

활동 1 **'우유가 사라졌다' 이야기 읽기**
- '우유가 사라졌다!(친구의 우유를 실수로 먹은 친구가 솔직하게 자신이 먹었음을 처음에 인정하지 못하자 계속해서 거짓말을 하게 되는 이야기)' 이야기 읽고 자기 생각 이야기하기

활동 2 **모의 상황극을 통해 용기 있는 행동 알기**
- 내가 만약 그런 상황에 빠지면 어떻게 할 것인지 모의 상황극을 통해 용기 있는 행동이란 무엇인지 생각해 보는 경험 가지기

활동 3 **자신의 잘못도 솔직하게 시인하는 용기 실천 다짐하기**
- 솔직하게 행동했을 때 미치는 긍정적인 영향을 알고, 자신의 잘못도 솔직하게 시인할 수 있는 용기 다지기

3. 정리

자신의 잘못도 시인할 수 있는 용기 있는 행동의 중요성 알기

TIP

모의 상황극에 맞게 같은 상황에서 어떤 행동을 선택하는지에 따라 달라지는 결과에 대해 잘 생각해 보도록 한다.

수업개요	학교폭력 상황에서 방관자가 아닌 학교폭력예방을 위해 적극적인 행동을 취할 수 있는 정의감의 중요성에 대해 알도록 구성됨		
수업자료	컴퓨터, 참고 동영상	소요시간	2차시

1. 도입

• 생각열기

– 학교폭력 상황에 피해자, 가해자 뿐 아니라 방관자도 있음을 알게 하기

• 학습목표 제시

– 정의롭게 행동하는 일의 중요성을 알고 실천 다짐할 수 있다.

2. 전개

활동1 **학교 폭력의 상황극 살펴보기**   **활동지1**

– 학교폭력을 주제로 한 상황극을 모둠별로 실시하기

– 가해자, 피해자, 방관자 등의 행동 이야기해보기

활동2 **피라미드 토의를 통해 정의로운 행동 알기**   **활동지2**

– 학교폭력이 일어나지 않기 위해 방관자들의 역할의 중요성에 대해 이야기 나누고, 방관자가 아닌 학교폭력이 적극적인 예방자로서의 행동 양식 정하기

활동3 **피라미드 토의 결과 발표하기**   **활동지3**

– 모둠별 토의 결과 발표 및 토의 참여도 자기 및 상호 평가하기

3. 정리

방관자에 관해 나의 생각 정리하기

– 학교폭력에서 방관자의 문제 정리해 보기

– 방관자가 되지 않기 위한 실천 다짐하기

3. 평가계획

평가 기준	평가방법
학교폭력 상황극에 적극적으로 참여한다.	교사수행평가(관찰)
학교폭력 상황극 및 토의활동에 적극적으로 참여한다.	자기평가(성찰일지)
토의활동에서 자신의 생각을 적극적으로 표현한다.	동료평가(평가척도표)

정 직

Q__다음은 학교에서 흔히 발생하는 학교 폭력과 관련된 이야기입니다. 잘 읽어보고 실제로 모둠별로 역할극을 실시해 봅시다.

때리지 마!

장소 | ○○초등학교 6학년 ○반 교실.
시간 | 점심시간
등장인물 | 가해자(가니), 피해자(파니), 방관자(바니) 1, 방관자(보니) 2, 선생님

가니 : (파니의 어깨를 툭툭 치며) 야, 내가 내 근처에 오지 말랬지? 왜 또 근처에 와? 죽고 싶니?

파니 : 아니, 그게 아니라..내 사물함이 네 자리 뒤라서..

가니 : (파니의 밀며) 이게..또 사람 말 무시하네. 내 말이 우습니?

파니 : 미안해..때리지마, 제발...

이 때 바니와 보니가 지나가다가 이 광경을 보게 된다.

바니 : 야, 또 가니가 파니를 괴롭히나봐..어쩌지? 선생님께 말씀드려야 하나?

보니 : 괜히 우리가 이야기했다가 우리한테 불똥 튀면 어떡하려고 그래? 그냥 모른 척 하자. 신경쓰는 일 딱 질색이야.

바니 : (안타까워하지만 보니 손에 끌려가며) 그..그래도..

• 학교 폭력 상황극을 보고 어떤 생각이 들었는지, 어떻게 하면 학교폭력을 예방할 수 있을지 방관자의 입장에서 잘 생각해 봅시다.

_____

_____

_____

_____

_____

_____

• 자신의 의견을 포스트잇에 옮겨 쓰고 〈피라미드 토의법〉을 적용하여 모둠 친구들 및 학급 친구들과 의견을 나누어 본 후 가장 타당한 의견을 골라봅시다.

〈피라미드 토의법〉

① "학교폭력 예방법"에 대한 자신의 의견을 포스트잇에 적는다.

② 〈토론1〉 2명의 학생이 1:1로 토의를 진행하여 둘 중 더 좋은 의견을 뽑아낸다.

③ 〈토론2〉 '토론1'에서 뽑은 의견으로 2:2토의를 진행하여 둘 중 더 좋은 의견을 뽑아낸다.

④ 〈토론3〉 '토론2'에서 뽑은 의견으로 4:4토의를 진행하여 둘 중 더 좋은 의견을 뽑아낸다.

⑤ 위와 같은 방식으로 의견을 나누며 가장 타당한 의견을 고른다.

수업을 마치고	이름 :

1. 이 수업을 통해서 무엇을 배우고 느꼈나요?

2. 어떤 활동을 통해 그것을 배웠나요?

3. 배운 내용을 어디에 적용해 볼 수 있을까요?

4. 아쉬웠던 점이나 어려웠던 점은 무엇인가요?

5. 더 알고 싶은 내용은 무엇인가요?

정 직

• 모둠원들의 피라미트 토의 활동을 보고 평가해 보세요.

모둠원 이름	토의 활동에 대한 나의 의견			총점 (10)
	토의 활동에 적극적으로 참여하는가?(3)	합당한 이유를 제사하며 자신의 의견을 말하는가?(4)	팀원의 의견을 존중하면서 자신의 의견을 말하는가?(3)	
평가자	이름 :			

수행평가지 | **관찰기록표**

• 상황극 수행평가 기록

○학년 ○반 담임 ○○○

이름	학교폭력예방 상황극 수행 평가 (상/중/하)		
	책임감을 가지고 자신의 역할에 충실한가?	팀원과 원활한 의사소통을 통해 문제를 해결하는가?	과제해결, 시간관리, 자료정리 등 스스로 해나가는가?

112

② 책임

❶ 소개

책임이란 자신에게 주어진 임무를 성실하게 완수하는 것뿐만 아니라 행한 일의 결과까지도 감수하는 정신이다. 이러한 책임은 다양하고 복잡한 상황에서 핵심적인 가치가 무엇인지 인식하고 판단하여 그에 따른 책임과 의무를 결정하고 실천하는 능력을 필요로 한다. 책임과 관련된 인성교육 하위요소로는 약속/규칙, 차례, 정숙, 안전, 절제, 준법정신, 인내, 성실, 의지 등이 있다.

본 프로그램에서는 약속, 안전, 인내, 성실, 준법정신을 중심으로 활동을 구성해 보았다. 다음은 각 하위 요소별 프로그램에 대한 소개이다.

❷ 프로그램 소개

프로그램명	소개	비고
생일 초대	역할극을 통해 약속이나 규칙을 지켜야하는 이유를 알고 약속이나 규칙에 대한 책임 가지기	약속
수호천사가 되어	'안전 수호천사 UCC'만들기를 통해 안전수칙에 대해 알고, 안전한 생활에 대한 책임의식 가지기	안전
역사 속으로	인내하는 삶을 살아간 역사 속 인물을 통해 인내의 가치 알기	인내
성실왕 콘테스트	평소 성실한 생활을 하는 친구를 뽑아 시상하는 활동으로 성실에 대한 긍정적인 태도 형성하기	성실
'우리는 지킴이'	학급에서 지켜야 할 규칙이나 약속을 학급헌법으로 제정함으로써 준법정신을 가지도록 함	준법정신

❶ 생일 초대

수업개요	생일초대 역할극을 통해 친구와의 약속에 대한 책임의식을 가질 수 있도록 구성됨		
수업자료	컴퓨터, 참고 동영상	소요시간	2차시

1. 도입

- **생각열기**
  - '꼭꼭 약속해' 노래 부르기
- **학습목표 제시**
  - 약속에 대한 책임의식에 알고 안전한 생활 실천다짐을 할 수 있다.

2. 전개

활동 1 **부모님, 친구와 했던 약속 이야기해보기**
- 학교에서, 가정에서 했던 약속 떠올리기
- 잘 지킨 약속과 지키지 못했던 약속 이야기하기

활동 2 **'생일초대' 상황극 실시하기**
- 생일초대 이야기(생일에 초대하기로 한 친구가 약속을 지키지 않아 생일에 초대받지 못해 상처받은 이야기)를 상황극으로 시연하기

활동 3 **토의토론 활동하기**
- 약속을 지키지 않으면 어떤 일이 일어나는지 이야기 나누기
- 약속을 지키는 일의 중요성 이야기하기

3. 정리

약속을 잘 지키기 위해 어떻게 해야 할 지 생각해 보기
- 약속을 잘 지키기 위한 실천 다짐하기

TIP

상황극의 이야기는 주어진 생일 초대가 아니더라도 학생들이 일상생활에서 흔히 겪을 수 있는 소재로 깊이 있는 공감을 끌어들일 수 있는 것으로 한다.

❷ 수호천사가 되어

수업개요	안전수칙 만들기 UCC 제작을 통해 안전에 대한 책임의식을 가질 수 있도록 구성됨		
수업자료	컴퓨터, 참고 동영상	소요시간	3차시

1. 도입

- **생각열기**
  - 교통안전공단 어린이세상(kid.ts2020.kr/main.jsp)홈페이지에서 어린이안전 노래
    와 동영상 시청하기
- **학습목표 제시**
  - 안전에 대한 책임의식에 알고 안전한 생활 실천 다짐을 할 수 있다.

2. 전개

활동 1   생활 속에서 지켜야 할 안전 수칙 생각해 보기
- 학교에서, 가정에서, 야외에서 등 장소에 따라 지켜야 하는 안전 수칙 이야기하기

활동 2   안전 수칙의 내용을 담은 '안전 수호천사 UCC'만들기
- 한 장소를 정해 안전 수칙의 내용을 담은 UCC제작 계획하기
- UCC제작에 필요한 사진 또는 동영상 촬영하기
- 동영상 편집 프로그램으로 UCC 만들기

활동 3   UCC 작품 감상하기
- 모둠별로 제작한 UCC작품 감상하기
- 모둠별 UCC작품에 대한 평가 실시하기

3. 정리

안전한 생활을 위해 지켜야 할 일 생각해 보기
- 안전한 생활을 다짐하는 실천 서약서 작성하기

TIP

스마트폰을 가지고 있는 친구들은 스마트폰으로 촬영하고, 바로 스마트폰에서 편집, 영상 공유까지
할 수 있도록 안내한다.

수업개요	인내하는 삶을 살아간 역사 속 인물을 조사함으로써 인내의 가치에 대해 알고 실천 의지를 다지도록 구성됨		
수업자료	컴퓨터, 위인전	소요시간	2차시

1. 도입

- **생각열기**
  - 대동여지도를 만든 김정호의 삶을 살펴보기
- **학습목표 제시**
  - 인내하는 삶의 가치를 알고 실천 의지를 다질 수 있다.

2. 전개

활동1 **위인전에서 읽었던 인물 이야기하기**
- 그동안 읽었던 위인전 속 인물 중 가장 기억에 남는 분을 이야기하고, 특히 인내를 통해 위대한 업적을 이룬 분 찾기

활동2 **인내하는 삶을 살아간 역사 속 인물 조사하기**
- 위인전, 인터넷 검색 등 인내하는 삶을 살아간 역사 속 인물의 이야기를 찾아 조사하기(모둠활동)

활동3 **조사 결과 발표하기**
- 모둠별로 조사한 내용 발표하기
- 모둠별 조사한 내용에 대한 평가 실시하기

3. 정리

인내하는 삶을 살아간 인물을 통해 인내의 가치 생각해 보기
- 인내하는 삶을 다짐하는 실천 서약서 작성하기

TIP

컴퓨터실, 도서관 등 학교에서 사용가능한 공간을 최대한 활동하여 수업을 진행하도록 한다.

❹ 성실왕 콘테스트

수업개요	평소 성실한 생활을 하는 친구를 뽑아 시상하는 활동으로 성실에 대한 긍정적인 태도 형성하도록 구성됨
수업자료	컴퓨터, 상품(공책 등)

소요시간	2차시

1. 도입

- **생각열기**
  - 평소 우리 반 친구들의 모습 이야기 나누기
- **학습목표 제시**
  - 성실한 삶의 중요성을 알고 실천 의지를 다질 수 있다.

2. 전개

활동 1 **주변에서 성실한 사람 찾아보기**
- 부모님이나 선생님 또는 친구들 중 자신이 생각하는 가장 성실한 사람 떠올리고 그렇게 생각하는 이유 이야기하기

활동 2 **'성실왕 콘테스트' 열기**
- 우리 반에서 가장 성실한 사람을 선정하는 '성실왕 콘테스트' 열기(추천→후보자들의 성실했던 모습 이야기 나누기→투표를 통해 성실왕 선정하기)

활동 3 **성실왕 시상식 열기**
- 성실왕으로 선정된 친구 시상식 열기
- 성실한 삶의 중요성 이야기 나누기

3. 정리

성실왕의 평소 모습 본받기
- 성실한 생활을 실천하기 위한 실천 다짐하기

TIP

성실왕을 투표하는 과정에서 학생들이 장난으로 투표에 임하지 않도록 충분히 본 투표의 의의를 설명하도록 한다.

수업개요	학급에서 지켜야 할 규칙이나 약속을 학급헌법으로 제정함으로써 준법정신을 가지도록 구성됨		
수업자료	컴퓨터, 참고 동영상	소요시간	2차시

1. 도입

• 문제인식
- 법이란 무엇이고, 왜 지켜야 하는지 이야기 나누기

2. 전개

활동 1 **우리 반 친구들이 지켜야 할 약속 정하기** **활동지 1**
- 평소에 우리 반 친구들이 잘 지키지 않는 것 조사하기
- 우리 반 친구들이 지켜야 할 약속 생각해 보기

활동 2 **'우리는 지킴이' 헌법 만들기** **활동지 2**
- 우리 반 친구들이 지켜야 할 약속을 비슷한 성격끼리 묶기
- 비슷한 약속을 아우르는 말을 정리하여 3-5가지로 정하기
- 정해진 약속을 학급 헌법으로 만들기 (지키지 않을 시 해야 할 행동도 함께 정하기)

활동 3 **학급 헌법 공포 및 실천 서약식 열기** **활동지 3**
- 학급 헌법 공포 및 실천 서약식 열어 실천 다짐하기

3. 정리

우리는 지킴이 활동에 대한 나의 생각 정리하기
- 꼭 지켜야 할 약속으로서 학급 헌법 인식 및 실천의지 다지기

3. 평가계획

평가 기준	평가방법
우리 반 친구들이 지켜야 할 약속을 생각하여 학급 헌법으로 만들 수 있다.	수행 평가 (활동지/관찰)
우리는 지킴이 활동에 적극적으로 참여한다.	자기평가(척도표)

Q__다음 물음에 답하여 봅시다.

• 우리 반에서 친구들이 제일 지키지 않는 것은 무엇인가요?

(예) 쓰레기를 쓰레기 통에 버리지 않는다 등

• 우리 반 친구들이 지켰으면 하는 약속을 생각나는 대로 써 보세요

• 위에서 쓴 약속과 친구들이 쓴 약속을 비교해 보고, 비슷한 것끼리 묶어 꼭 지켜야 할 약속을 3~5가지만 정하세요.

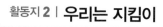

• 우리 반 친구들과 합의된 학급 헌법을 적어 봅시다.

우리는 지킴이!

제1조.

제2조.

제3조.

제4조.

제5조.

• 학급 헌법을 잘 지킬 것을 다짐해 봅시다.

실천 서약

나는 ○학년 ○반 학생으로서 우리 스스로 정한 학급 헌법을 잘 지켜 나갈

것을 맹세합니다.

○○○○년 ○○월 ○○일

○학년 ○반 ○○○(인)

• 우리는 지킴이 활동에 대한 자기 평가를 해 보세요.

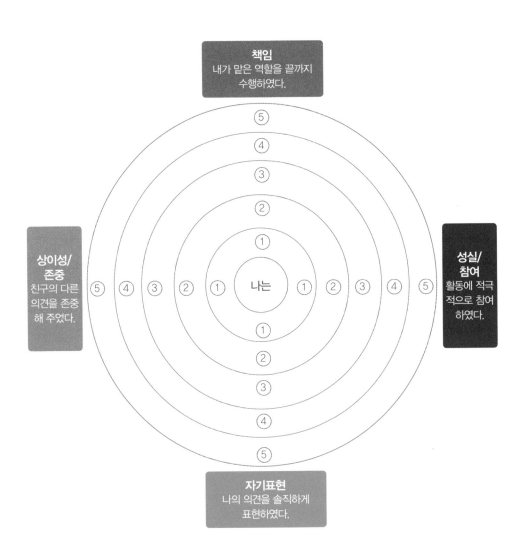

• 우리는 지킴이 활동 수행평가 기록

○학년 ○반 담임 ○ ○ ○

모둠명				
평가요소	평가 내용	하	중	상
책임	모둠활동에서 책임감을 가지고 자신의 역할을 잘 수행하는가?			
의사소통	팀원과 원활한 의사소통을 통해 문제를 해결하기 위해 노력하는가?			
존중	타인의 의견과 권리를 존중하는 태도로 학습활동에 임하고 있는가?			
자율	과제 해결, 시간관리, 자료 정리 등을 스스로 해 나갈 수 있는가?			
종합의견				

3 긍정/자기이해

❶ 소개

    긍정/자기이해는 자신에 대한 바람직한 이해를 바탕으로 나 자신을 소중한 존재로 인식하고 사랑하는 마음을 뜻한다. 인간은 자신의 존재를 긍정적으로 인식하고 소중히 여김으로써 살아가며 겪을 수 있는 시련과 절망을 극복해 낼 수 있는 힘을 갖게 된다.

    긍정/자기이해의 하위 덕목으로는 열정, 자부심, 자기존중, 자기표현, 자발성, 자신감, 자아수용, 자위, 자율, 자조, 자존심, 자주 등이 있다. 이 장에서는 열정, 자기표현, 자발성, 자조, 자기존중을 주제로 프로그램을 개발하였다.

❷ 프로그램 소개

프로그램명	소 개	비 고
열정을 다하는 삶	꿈을 이룬 사람들의 삶을 통해 열정적인 삶의 자세를 배우고, 내 꿈을 이루기 위한 내 인생 좌우명 만들기	열정
나를 소개해요	나에 대한 이해를 바탕으로 나를 표현하는 "나 소개책" 제작하기	자기 표현
꼬마 여행 가이드	꼬마 여행가이드가 되어 스스로 여행지를 선정하고 계획하여 '학급 여행 책자' 만들기	자발성
나를 돌아봐!	'나를 돌아봐' 놀이를 통해 자신을 객관적으로 바라보고, 내가 고쳐야할 점찾기	자조
나를 사랑하기 위한 색안경	긍정적으로 세상을 바라보며 자신의 단점을 장점으로 바꾸어 인식해보고 내가 나를 사랑하는 이유 찾아보기	자기 존중

❶ 열정을 다하는 삶

수업개요	꿈을 이룬 사람들의 삶에서 열정을 다하는 삶의 자세를 배우고, 꿈을 이루기 위한 내 인생 좌우명을 만드는 활동으로 구성		
수업자료	동기유발 사진, 도화지	소요시간	3차시

1. 도입

• 생각열기
- 꿈을 이룬 사람들의 사진을 보고 인물들의 공통점 찾기

• 학습목표 제시
- 꿈을 이룬 사람들의 삶을 통해 열정적인 삶의 자세를 배우고, 내 꿈을 이루기 위한 내 인생 좌우명을 만들 수 있다.

2. 전개

활동 1 꿈을 이룬 사람들의 삶 조사하기
- 모둠별로 꿈을 이룬 인물을 선정하여 인물의 삶과 노력에 대한 조사하기
- 모둠별 발표 후 각 인물들의 삶에서의 배울 점에 대해 의견 나누기

활동 2 내 꿈을 이루기 위한 내 인생 좌우명 만들기
- 내 꿈을 이루기 위해 내가 가져야 할 삶의 자세에 대해 의견 나누기
- 내 꿈을 이루기 위한 좌우명 만들고 표어 꾸미기

활동 3 좌우명 발표하고 실천 다짐하기
- 친구들 앞에서 내 인생 좌우명을 발표하기

3. 정리

좌우명 표어 전시하기
- 좌우명 표어를 교실 안, 잘 보이는 곳에 전시하기

TIP

꿈을 이룬 사람들의 삶을 조사할 때 스마트 폰을 활용하여 다양한 정보를 찾도록 한다.

수업개요	나에 대한 이해를 바탕으로 하여 나 자신을 표현하는 "나 소개책"을 제작하는 활동으로 구성		
수업자료	도화지, 색연필	소요시간	2차시

1. 도입

- **생각열기**
  - 인물의 특징을 소개하여 누구인지 맞추는 스무고개 하기
- **학습목표 제시**
  - '나'를 이해하고 나에 대해 표현하는 "나 소개책"을 만들어 나를 소개할 수 있다.

2. 전개

활동 1 나는 어떤 사람일까?
- 내가 좋아하는 것, 싫어하는 것, 잘하는 것 등을 나열하기
- 나에 대한 모둠원들의 평가를 들어보며 타인이 바라본 나의 모습은 어떠한지 알아보기

활동 2 "나 소개책" 제작하기
- '나'를 표현하는 물건, 색깔, 동물, 단어를 글이나 그림으로 표현하고 이유 적기
- 내가 좋아하는 것, 싫어하는 것 등을 적고 나를 소개하는 책 만들기

활동 3 "나 소개책"을 읽고 누구의 책인지 맞추기
- 교사가 익명의 소개책을 읽으면 학생들이 맞추기
- 친구들을 표현하는 내용이 적절했는지 상호평가하기

3. 정리

나에 대해 알아보고 표현해 본 소감 나누기
- 자신을 이해하고 표현해 본 뒤의 소감문 작성하기

TIP

타인에 대해 평가할 때 되도록 긍정적인 면, 잘하는 점을 이야기해주도록 지도한다.

❸ 꼬마 여행 가이드

수업개요	스스로 여행지를 선정하고 일정을 계획하여 '학급 여행 책자'를 만드는 활동을 통해 스스로 노력하여 얻는 것에 대한 성취감을 맛보도록 구성
수업자료	스마트폰 **소요시간** 4시간

1. 도입

- **생각열기**
- 자신이 경험한 여행 경험 나누기

- **학습목표 제시**
- 여행지를 선정하고 여행 세부 일정을 스스로 계획할 수 있다.

2. 전개

활동 1 **국내 여행지 선정 및 자료 조사하기**
- '학급 여행 책자'에 실을 국내 여행지 몇 곳 선정하기
- 모둠별로 한 곳의 여행지를 맡아 소개하기 위한 자료 수집(스마트폰 활용)

활동 2 **꼬마 여행가이드가 되어 여행 세부 일정 계획하기**
- 여행지에서 어떤 것을 관광할지, 어떤 것을 먹을지 등에 대한 세부 일정을 계획하며 여행 제안서 만들기

활동 3 **'학급 여행 책자' 만들기**
- 모둠별 여행 계획을 각자 소개하고 여행 제안서를 모아 '학급 여행 책자' 제작하기

3. 정리

스스로 여행을 계획하며 느낀 점 공유하기
- 꼬마 여행가이드 활동을 통해 느낀 점을 공유하고 스스로 노력하여 성취해 내는 삶의 가치 인식하기

TIP

'학급 여행 책자'를 각 가정에 배부하여 직접 여행을 다녀보며 스스로 계획한 것의 효용을 느낄 수 있도록 한다.

❹ 나를 돌아봐!

긍 정 / 자 기 이 해

수업개요	'나를 돌아봐' 놀이를 통해 자신을 객관적으로 바라보고, 내가 고쳐야할 점을 찾는 활동으로 구성
수업자료	상황카드

소요시간 2차시

1. 도입

- **생각열기**
  - 학급 아이들의 행동 특징 설명 후 맞추는 스무고개 놀이하기

- **학습목표 제시**
  - 객관적으로 나를 바라보며 더욱 발전하는 내가 되기 위해 고쳐야 할 점을 찾고 실천할 수 있다.

2. 전개

활동 1 '나를 돌아봐' 놀이를 통해 나를 객관적으로 바라보기
  - 모둠별로 '나를 돌아봐' 놀이하기(교실 안 여러 가지 상황카드 뽑기-그 상황에서 어떻게 행동할지 모둠원끼리 역할 바꾸어 역할극하기)(모둠)
  - 나를 객관적으로 바라본 후 나에 대해 알게 된 점 나누기(전체)

활동 2 더 나은 내가 되기 위한 실천 내용 생각하기
  - 내가 돌아본 나의 모습 중 고치고 싶은 점 생각하기
  - 일정한 기간을 두고 단점을 고치기 위한 실천 점검표 만들기

활동 3 나를 돌아보고 반성하는 자조적 태도의 실천 다짐하기
  - 실천 내용을 친구들 앞에서 공언하며 나를 돌아보고 반성하는 자조적 태도의 실천 의지 다지기

3. 정리

끊임없이 나를 객관적으로 관찰하고 반성하는 태도의 중요성 알기

TIP

'나를 돌아보는 거울'을 교실 내에 비치하여 꾸준히 거울을 바라보며 나의 생활을 돌아보는 자아 성찰의 시간을 갖도록 한다.

❺ 나를 사랑하기 위한 색안경 　긍 정 / 자 기 이 해

수업개요	긍정의 색안경을 끼고 나와 세상을 바라보도록 하여 나의 단점을 장점으로 새롭게 인식하는 활동을 통해 자기존중의 마음을 갖도록 구성됨		
수업자료	동기유발 사진, 쓰레기통	소요시간	2차시

1. 도입

- **문제인식**
  - 관점에 따라 현상이 다르게 보일 수 있음을 인식

2. 전개

활동 1 내가 생각하는 나의 단점 생각해보기 활동지 1
- 버리고 싶은 나의 모습, 나의 단점 생각해보기

활동 2 친구의 단점을 장점으로 고쳐주기 활동지 1
- 긍정의 색안경을 끼고 모둠원들의 활동지를 돌려 읽기
- 친구의 단점을 장점으로 바꾸어주고 긍정의 댓글 달기

활동 3 나를 사랑하는 이유 발표하기 활동지 2
- 단점을 적은 활동지1 윗부분을 찢고 꾸겨서 쓰레기통에 버리기
- 나를 사랑하는 이유 발표하고 발표가 끝나면 학급 친구들은 "그래서 너를 사랑해!"라고 외치기

3. 정리

나를 사랑하는 삶 실천 서약식 활동지 2
- 긍정의 색안경을 끼고 나와 세상을 바라보며 나를 사랑하는 삶 실천 다짐하기

4. 평가계획

평가 기준	평가방법
자신의 단점을 장점으로 전환하여 나를 사랑하는 이유를 정리할 수 있다.	구술평가
친구의 장점을 찾는 모둠활동에 적극 참여하였다.	자기평가
나를 사랑하는 삶의 태도를 갖고 발표할 수 있다.	동료평가

• 우리 반에서 친구들이 제일 지키지 않는 것은 무엇인가요?

– (예) 나는 항상 느려서 과제도 늘 꼴등으로 제출한다.

–

–

–

–

–

–

• 친구가 생각하는 친구 단점을 장점으로 바꾸어보고 긍정적인 응원과 격려의 말을 적어보
세요.

– (예) 차분하고 꼼꼼하기 때문에 느린거야. 급하지 않아 실수하지 않는 너의 모습이 참 좋고 부러워!

–

–

–

–

–

–

• 친구들이 적어준 긍정적인 말을 참고하여 내가 나를 사랑하는 이유를 적어봅시다.

〈내가 나를 사랑하는 이유〉

첫째.

둘째.

셋째.

넷째.

다섯째.

• 나를 사랑하는 삶 실천 을 다짐해 봅시다.

실천 서약

나는 긍정적으로 나와 세상을 바라보는 색안경을 끼고 나 자신을 자랑스러

워하며 사랑하는 삶을 살아갈 것을 맹세합니다.

○○○○년 ○○월 ○○일

○학년 ○반 ○○○(인)

 평가지ㅣ**자기 평가**

• 긍정의 댓글달기 모둠활동에 대한 자기평가를 해 보세요.

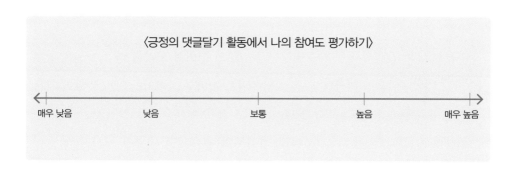

〈긍정의 댓글달기 활동에서 나의 참여도 평가하기〉

매우 낮음　　　　　낮음　　　　　보통　　　　　높음　　　　　매우 높음

 평가지ㅣ**동료 평가(모둠원)**

• 나를 사랑하는 이유 발표하기 동료평가 기록

○학년 ○반 담임 ○○○

학생이름	나를 사랑하는 이유 발표하기 동료평가 (잘된 점을 서술형으로 적어보세요)

❶ 소개

　자율은 남의 간섭이나 구속을 벗어나 스스로의 원칙과 의지에 따라 자신을 절제
하고 다스리는 일을 의미한다. 타율과 반대되는 의미로 쓰이지만 가장 중요한 것은
개인의 의지에 따라 선택한다는 자발성이라고 할 수 있다.

　자율의 하위 덕목으로는 성실, 인내, 자기통제, 절약정신, 절제심, 정리정돈, 청결,
일관성, 근면, 단정, 의지, 시간 계획, 과업 계획 등이 있다. 이 장에서는 성실, 시간 계
획, 자기 통제, 절제심, 과업 계획을 하위 덕목으로 선정하여 프로그램을 개발하였다.

❷ 프로그램 소개

프로그램명	소 개	비 고
말하는 대로	알고 있지만 지키지 못하는 약속과 규칙을 살펴보고 말하는 대로 실천하는 생활을 위해 마음 다지기	성실
나의 하루 사진전	나의 하루 사진전을 통해 나와 타인의 하루 일과를 되돌아보고 나를 위한 올바른 시간 계획하기	시간 계획
나를 위해 버려야 할 것들	버려야 할 나의 습관과 단점을 반성해보고 올바른 생활습관을 위한 실천 의지 다지기	자기 통제
내 인생의 글자	내 인생을 바르게 이끌어 줄 표어를 찾아 바르게 써 보면서 절제하는 마음 갖기	절제심
미리 쓰는 자서전	내 꿈을 이루기 위해 내가 해야할 과업들을 차근차근 정리하고 자서전을 통해 계획해보기	과업 계획

❶ 말하는 대로

수업개요	실천하는 삶의 어려움과 필요성을 깨닫고 역사 속 위인의 실천하는 삶을 조사하여 나의 미래와 꿈을 이루기 위해 '말하는 대로' 실천할 다짐들을 공언해보기
수업자료	동영상, 도화지, 싸인펜 · **소요시간**　2차시

1. 도입

- **생각열기**
  - 방송인 유재석씨가 부른 '말하는 대로' 노래 영상 감상하기
  - 실천하는 삶의 어려움을 깨닫고 노력하려는 마음가짐을 가질 수 있다.

2. 전개

> **활동1** 교실에서 필요한 약속과 실천 다짐하기
- 선생님이 계시지 않은 쉬는 시간의 우리 반 교실을 몰래 촬영한 영상을 함께 보고 지켜야 할 일과 이유 생각해보기
- '말하는 대로' - 자신이 교실에서 꼭 지키겠다고 다짐하는 내용 이야기 나누고 공언하기

> **활동2** 역사 속에서 자신의 말을 실천했던 사람 조사하기
- 역사 속 위인들 중에서 자신이 말하는 대로 실천했던 사람들을 찾아 조사하고 발표하기

> **활동3** 내가 실천할 '말하는 대로' 정하고 발표하기
- 내 꿈과 더 나은 미래를 위해서 '말하는 대로' 실천할 나의 약속을 적고 발표하기

3. 정리

나의 '말하는 대로' 전시하고 공유하기
- 게시판에 내가 작성한 약속 내용을 전시하고 실천 다짐하기

TIP

쉬는 시간의 교실 몰래카메라는 특정 학생의 행동을 비난하는 것이 아니라 알고 있음에도 잘 지켜지지 않는 약속, 규칙들을 꺼내기 위한 활동으로 지도되어야 한다.

❷ 나의 하루 사진전

수업개요	나의 하루를 사진을 통해 되돌아보고 다른 사람의 하루와 비교하여 나를 위해 시간을 올바르게 계획하고 관리하려는 의지 갖기
수업자료	우드락, 싸인펜, 사진 등

소요시간 2차시

1. 도입

- **생각열기**
  - 노래 [네모의 꿈] 1절 함께 따라 불러보고 노래 속에 나타난 하루 일과를 이야기 해보기
- **학습목표 제시**
  - 나의 하루를 되돌아보고 올바른 시간 관리를 하려는 실천의지를 다질 수 있다.

2. 전개

활동1 **사전 과제(나의 하루 일과 사진) 점검하기**
- 사전 과제(아침 일어나서부터 잘 때까지의 나의 하루 일과 사진을 총 10장 이내로 찍어오기) 확인하고 순서대로 정리하기
- 모둠 친구들에게 사진을 설명하면서 미리 큐레이터 역할 연습하기

활동2 **나의 하루 사진전의 큐레이터 활동하기**
- 우드락에 사진을 붙이고 간단한 설명을 써서 전시자료 준비하기
- (2개조로 나누어) 큐레이터와 관람객의 역할 활동 하기

3. 정리

나의 하루 일과를 반성하고 느낀 점, 배울 점 이야기 나누기
- 큐레이터 활동을 하면서 또는 친구들의 하루 일과를 살펴보면서 느꼈던 점이나 배워야겠다고 생각한 점 발표하기

TIP

정리 활동 후에 실제로 학생들이 실천해야겠다고 느낀 내용을 바탕으로 시간계획표를 작성하고 이후 일정 기간 실천한 뒤 그 결과를 스스로 점검해 볼 수 있도록 프로젝트 학습 형태로 운영하면 더 높은 교육적 효과를 거둘 수 있다.

❸ 나를 위해 버려야 할 것들

수업개요	버려야 할 나의 습관과 단점을 반성해보고 올바른 생활습관을 갖기 위해 다짐하고 공언해보기
수업자료	포스트 잇, 휴지통, 전지

소요시간 2차시

1. 도입

- **생각열기**
  - '지구를 위해 없어져야 할 것' 또는 '우리 학교(교실)에서 버려야 할 것' 이야기 나누기
  - 나의 잘못된 습관을 깨닫고 개선하려는 의지를 다질 수 있다.

2. 전개

활동 1 나를 되돌아보는 마인드 맵
- '나'에 대해 생각하고 떠오르는 내용들을 마인드 맵으로 적어보기

활동 2 버릴 것들 정리하기
- 앞서 적은 내용에 나의 잘못된 습관이나 단점이라서 버리고 싶은 것을 더 떠올려보고 적어보기
- 붙임 종이에 앞서 적은 내용 중 꼭 버려야겠다고 생각이 드는 내용 적기
- (칠판에 부착된 전지에) 각자 버리려고 적은 붙임 종이를 붙이고 이유 이야기 나누기
- 다시 버리고 싶은 것이 있는지 생각해보고 버릴 것 추가하기

3. 정리

내가 버릴 것들 공언하고 휴지통에 버리기
- 한 사람씩 나와서 붙여진 자신의 붙임 종이를 크게 읽고 난 후(나의 ○○○○을 버리겠습니다.) 구겨서 휴지통에 버리기 → 친구들은 공언하는 친구에게 박수 또는 응원의 반응 보여주기

TIP

공언하기는 실천의지를 다지는 데 매우 효과적이고 좋은 활동이다. 학생의 적극적 참여와 실천의지 고양을 위해 자신의 잘못된 습관들을 공개하고 개선을 위한 다짐을 할 때에 친구들이 격려하고 응원하는 분위기를 조성하는 일이 매우 중요하다.

수업개요	내 인생을 바르게 이끌어 줄 표어를 정하고 정성을 다해 붓글씨로 표현하면서 절제하려는 마음 갖기		
수업자료	문방사우, 필기도구	소요시간	3차시

1. 도입

- **생각열기**
- 선생님이 들려주는 명언이 누구와 관련 있는지 알아맞히기
- **학습목표 제시**
- 절제하려는 마음을 담은 표어를 붓글씨로 정성을 다해 쓸 수 있다.

2. 전개

활동 1 **절제의 의미 이해하기**
- 최영 장군의 삶과 명언, 무덤에 풀이 나지 않았다는 설화 등을 토대로 절제의 의미 알아보기
- 공자의 '과유불급' 고사를 듣고, 절제하지 않는 삶이 가지는 문제점 이야기 나누기

활동 2 **위인들이 지켰던 절제의 삶과 명언 조사하기**
- 절제하는 삶을 살았던 역사 속 위인들과 그들의 명언을 조사하고 발표하기

활동 3 **절제하는 삶을 위해 내 인생에 필요한 표어 써 보기**
- 절제하는 삶을 위해 나에게 가장 와 닿는 문구(표어) 정하기
- 화선지 위에 붓글씨로 내가 정한 문구(표어) 써보기

3. 정리

게시판에 붓글씨 작품을 전시하고 표어의 의미와 다짐 이야기 나누기

TIP

미술과와 연계한 본 수업은 학생 개인의 붓글씨 작품을 족자 또는 액자의 형태로 제작하여 오랜 시간동안 보관 및 전시하여 교육적 효과를 높일 수 있다.

❺ 미리 쓰는 자서전

수업개요	나의 미래의 모습을 상상하고 나의 꿈을 이루기 위해 내가 해야 할 과업들을 차근차근 정리하며 필요한 노력에 대해서 생각해보기
수업자료	활동지, 필기도구, 붙임 종이

소요시간 3차시

1. 도입

- **생각열기**
  - 유명한 사람들의 묘비명 살펴보고 '성공한 삶'에 대해 생각해보기

- **학습목표 제시**
  - 나의 미래 모습을 상상하고 꿈을 이루기 위해 노력해야 할 일들에 대해서 알 수 있다.

  활동 1 '나의 미래 모습' 마인드맵으로 그리기   **활동지 1**
  - 내가 꿈꾸는 '나의 미래 모습'과 이를 위한 노력을 중심으로 마인드맵 활동 해보기

  활동 2 나의 미래를 사다리 만화로 꾸미기   **활동지 1**
  - 10년, 20년, 30년 등을 상상하여 내가 생각하는 시점의 나의 모습을 토대로 아래 칸부터 사다리 만화 그려보기
  - 친구들과 바꾸어 읽어보고 친구의 미래 모습 알아보기

  활동 3 미리 쓰는 나의 자서전   **활동지 2**
  - 활동1, 활동2의 결과를 바탕으로 미래를 상상하여 자서전 써보기
  - 작성한 자서전을 친구들과 돌려 읽고 붙임 종이에 간단한 응원의 글, 칭찬, 소감 등 적어주기

3. 정리

친구의 묘비명 써 주기
  - 친구의 자서전을 읽고 친구의 인생을 칭찬하고 기리기 위한 한 줄의 묘비명 써주기

4. 평가계획

평가 기준	평가방법
요구되는 단계별 과업에 따라 자신의 미래 모습을 상상할 수 있는가?	수행평가
자서전 쓰기 활동을 통해 스스로 자신의 인생 설계에 참여할 수 있는가?	자기평가
친구의 자서전을 읽고 어울리는 묘비명을 쓸 수 있는가?	동료평가

• 내가 바라거나 생각하는 미래의 모습을 적어 봅시다.

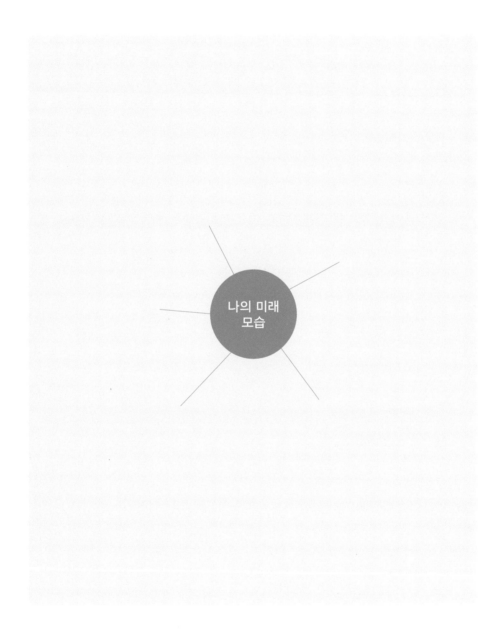

• 아래 칸부터 순서대로 나의 미래의 모습을 만화로 그려봅시다.

〈   년 후〉

〈   년 후〉

〈   년 후〉

• 나의 인생을 되돌아보며 자서전을 써 봅시다.

 평가지 | **자기평가**

• 나의 자서전 쓰기활동에 대한 자기평가를 해 보세요.

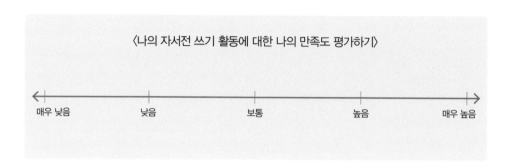

〈나의 자서전 쓰기 활동에 대한 나의 만족도 평가하기〉

| 매우 낮음 | 낮음 | 보통 | 높음 | 매우 높음 |

 평가지 | **동료 평가(모둠원)**

• 친구의 자서전을 읽고 묘비명 쓰기를 통해 동료평가를 해 보세요.

학생이름	내 친구의 자서전 읽고 동료평가(친구의 생애가 잘 드러나도록 묘비명 써주기)

5 예절

❶ 소개

예절은 존경의 뜻을 표하기 위한 말투나 몸가짐인 '예의'와 법도에 맞는 질서나 절차를 뜻하는 '범절'을 아우르는 말이다. 예절은 타인에 대한 배려를 바탕으로 하며 서로가 공존하며 살아가기 위해 필요한 가장 기본적인 도리이다.

예절의 하위 덕목으로는 감사, 인사, 공중도덕, 단정, 애교, 애향, 애국, 평화, 통일, 독도 교육, 국토순례, 의식 행사, 정체성 확립 활동, 공동체 의식, 연대, 예의범절, 우애, 우정, 의리, 연민, 이타심, 자비심, 자선, 자애, 조화, 허용 등이 있다. 이 장에서는 감사, 의식행사, 공동체의식, 우정, 공중도덕을 주제로 프로그램을 개발하였다.

❷ 프로그램 소개

프로그램명	소 개	비 고
감사할 줄 아는 삶	작은 일에도 감사할 줄 알고 감사하는 마음을 표현하기	감사
의식행사에서의 예절	여러 의식 행사에서 지켜야 할 예절을 익히기 위한 역할극 활동하기	의식 행사
학급 노래(반가) 만들기	학급 노래를 만들고 함께 부르며 공동체 의식 함양하기	공동체 의식
우정을 키우는 콩깍지(비밀 친구)	콩깍지 놀이를 통해 서로 선행을 베풀며 학급 친구들끼리 우정 키우기	우정
학교에서 지켜야 할 일	학교 안에서 지켜야 할 일과 그 이유를 알아보고 공중도덕 지키기	공중도덕

❶ 감사할 줄 아는 삶

수업개요	주변의 사소한 일들도 감사할 줄 하는 삶의 자세를 익히고 감사함을 표현하는 편지를 쓰는 활동으로 구성		
수업자료	"제인에어" 책, 편지지	소요시간	2차시

1. 도입

- **생각열기**
  - 불우한 상황에서도 감사하는 마음을 잃지 않은 "제인에어" 소개
- **학습목표 제시**
  - 사소한 일에도 감사하는 마음을 가지며 감사함을 표현하는 편지를 쓸 수 있다.

2. 전개

활동 1 **"제인 에어" 위인전 읽고 의견 나누기**
- 항상 감사하며 살아간 "제인 에어" 위인전 함께 읽기
- 주인공 '제인 에어'에게서 본 받아야 할 삶의 자세에 대해 의견 나누기

활동 2 **고마운 사람들에게 감사 편지 쓰기**
- 내 주변에서 감사해야 할 일들을 찾아 나열하기
- 고마운 사람들에게 마음을 담아 감사 편지 쓰기

활동 3 **감사 릴레이 놀이하기**
- 학급 안에서 한 명의 친구를 지목하여 고마운 마음을 전달하는 '감사 릴레이' 놀이하기

3. 정리

감사하는 생활 실천 다짐하기
- 감사하는 생활을 다짐하는 실천 다짐서 작성하기

TIP

감사 릴레이 놀이에서 소외되는 학생이 없도록 하고 사소한 일이여도 감사함을 표현할 수 있음을 지도한다.

수업개요	다양한 의식행사에서의 경험을 나누고, 각 의식행사에서 지켜야 할 예절을 익히기 위한 역할극 활동으로 구성됨		
수업자료	학교 행사 영상, 의식행사 사진	소요시간	3차시

1. 도입

- **생각열기**
  - 학생들이 접할 수 있는 다양한 의식행사 사진 보기
- **학습목표 제시**
  - 의식행사에서 지켜야 할 예절을 알고, 실천을 위한 공언을 할 수 있다.

2. 전개

활동 1 **다양한 의식행사에서 지켜야 할 예절 생각해보기**
- 결혼식, 장례식, 입학식, 졸업식 등의 영상(학교 행사 영상)을 보고 의식행사에서 예절을 지키지 않아 불쾌했던 경험 나누기
- 각각의 행사에서 지켜야 할 예절 이야기하기

활동 2 **의식행사에서의 예절이 담긴 역할극 만들기**
- 모둠별로 의식행사의 종류를 달리하여 행사에서의 예절이 담겨있는 역할극 대본 만들고 연습하기

활동 3 **역할극 발표하고 상호평가하기**
- 모둠별 역할극 발표하고 감상하기
- 역할극에 대한 평가 실시하기

3. 정리

의식행사에서의 예절 생각해보기
- 예절 실천 다짐서 작성하여 모둠별로 친구들 앞에서 공언하기

TIP

역할극 발표 후 의식행사에서의 예절에 대한 다른 모둠의 보충의견이 있다면 자유롭게 발표하도록 지도한다.

수업개요	우리 학급에 대한 이해와 사랑을 바탕으로 학급 노래(반가) 만들기 활동을 통해 공동체의식을 높이도록 구성		
수업자료	음원, 카메라	소요시간	4차시

1. 도입

- **생각열기**
  - 학급의 특징을 가장 잘 드러내는 학급 이름 정하기

- **학습목표 제시**
  - 학급의 특색을 담아 학급 노래(반가)를 만들고 UCC를 제작할 수 있다.

2. 전개

활동 1 **우리 학급의 특색 파악하기**
- 우리가 원하는 학급의 모습, 우리 학급의 특색에 대한 토의하기
- 반가 가사 만들기를 위한 학급 특색 정하기

활동 2 **학급 노래(반가) 만들기**
- 학급원들이 모두 잘 부를 수 있는 기존 노래를 선정하여 학급 특색이 잘 드러나게 개사하기(모둠별 역할분담 및 토의)
- 완성된 학급 노래(반가) 연습하기

활동 3 **학급 반가 UCC 제작하기**
- 학급원들이 역할 분담하여 학급 반가 UCC 제작하기

3. 정리

학급 노래(반가) 및 UCC 제작활동을 통해 느낀 점 나누기
- 학급 구성원으로서 소속감을 느끼고 공동체 의식을 다져졌음을 느끼게 된 소감 나누기

TIP

제작한 UCC를 틈틈이 보면서 학급 노래(반가)를 자주 부르고 외우도록 하여 학급 공동체 의식을 높이도록 한다.

④ 우정을 키우는 콩깍지(비밀친구)

수업개요	콩깍지(비밀친구) 놀이를 통해 서로에게 도움을 주고 좋은 점을 칭찬하며 학급 친구들 간 우정 키우기

수업자료	콩깍지 쪽지, 상장용지	소요시간	2차시

1. 도입

- **생각열기**
  - "꽃게우정"노래 부르며 친구와의 우정에 대해 생각해보기

- **학습목표 제시**
  - 콩깍지 놀이를 통해 친구와 도움을 주고받고 우정의 마음을 표현할 수 있다.

2. 전개

활동 1 **제비뽑기로 콩깍지(비밀친구) 대상 선정하기**
- 제비뽑기로 콩깍지를 뽑고 콩깍지 비밀유지를 위한 학급규칙 논의하기

활동 2 **콩깍지 대상에게 몰래 선행 베풀기(상시활동)**
- 매일 인사하고 기분 좋은 쪽지 선물하여 콩깍지 기쁘게 하기
- 몰래 지켜보다가 도움이 필요한 순간에 눈치 못 채게 도와주기

활동 3 **콩깍지 공개하고 콩깍지 상장 수여하기**
- 내가 지켜본 콩깍지의 칭찬할 점을 적어 나만의 상장 수여하기
- 콩깍지 공개 후 악수하고 고맙다는 인사 나누기

3. 정리

콩깍지 활동을 통해 느낀 점 공유하며 우정 다지기
- 안 친했던 친구들과 우정을 키울 수 있던 소중한 기회임을 인식하고 우정 키우기

TIP

일정 기간을 두고 주기적으로 콩깍지 놀이를 진행하여 학급 내다양한 교우관계 형성을 돕는다.

❺ 학교에서 지켜야 할 일

수업개요	학교 안에서 지켜야 할 일을 알아보고, 이유를 살펴보며 공중도덕을 지키려는 실천의지를 다지는 활동으로 구성		
수업자료	읽기자료, 활동지	소요시간	2차시

1. 도입

- **생각 열기**
  - 공중도덕 공익광고 시청하기
  - 공중도덕 관련 공익광고 영상 시청하기

2. 전개

활동 1 **읽기자료에서 잘못된 행동 찾고 고쳐보기** **활동지 1**
- '학교에서 생긴 일' 예화 들려주기
- 잘못된 행동을 바른 행동으로 고치고 그렇게 행동해야 하는 이유 찾아보기

활동 2 **학교 안 여러 장소에서 지켜야 할 일 생각하기** **활동지 2**
- 여러 사람이 사용하는 학교 안 장소에서 어떤 것을 지켜야 하는지 생각하기
- 다른 사람에게 피해주지 않아야 하는 이유 적어보기

활동 3 **학교생활 실천계획표 만들고 실천하기** **활동지 3**
- 활동2에서 찾은 내용 중 내가 꼭 지키고 싶은 실천내용 5가지를 선정하여 실천계획표 만들기
- 일주일 간 실천하기

3. 정리

실천 소감 나누고 잘 한 친구 칭찬하기
- 일주일간의 실천 후의 소감 나누고 실천을 잘한 친구 칭찬하기

150

4. 평가계획

평가 기준	평가방법
학교 안 공중도덕을 찾는 모둠활동에 적극 참여하였다.	관찰평가
학교 안 공중도덕을 잘 이해하고 실천하였다.	자기평가 상호평가

Q___ '학교에서 생긴 일'을 읽고 물음에 답해보세요.

4교시 수학시간입니다.

선생님께서는 오늘 배울 수학 문제를 칠판에 적고 계셨습니다. 그 때 병욱이가 경연이에게 말했습니다.

"경연아! 우리 지우개 따먹기 놀이할까?"

"지금 수업시간이잖아... 선생님한테 혼나면 어떡해..?"

"괜찮아! 선생님 안보시잖아~ 어서 시작하자!"

"그럼 딱 한번만 하자.."

경연이와 병욱이는 수학 문제를 풀지 않고 지우개 따먹기 놀이를 하였습니다.

어느덧 기다리던 점심시간이 되었습니다. 아인이는 친구들과 함께 교실 밖 복도에 한 줄로 섭니다. 그때 가연이가 재빨리 뛰어가 새치기를 합니다. 아인이의 눈살이 찌푸려졌습니다.

오늘의 급식메뉴는 비빔밥과 요구르트입니다.

"철범아, 너 나물 좋아하지? 내꺼 나물 다 먹어라~"

혜란이가 철범이의 식판에 나물을 던져 놓습니다.

"하지 말라고~ 나도 나물 싫어해. 반찬을 골고루 먹어야지!"

도망치듯 식판을 들고 달려 나간 혜란이의 자리에는 빈 요구르트병이 그대로 있습니다.

교실에 돌아온 아이들은 각자 맡은 청소구역을 청소합니다. 민재는 복도에서 경찰과 도둑 놀이를 하며 뛰어다닙니다. 결국 복도의 소화기를 보지 못하고 걸려 넘어졌습니다. 소화기는 부서지고 민재는 다리를 다쳐 보건실에 갔습니다.

채린이와 내헌이는 책을 빌리러 도서실에 갔습니다.

"아! 자동차 책 또 없는거야? 짜증나~ 맨날 없어~"

내헌이가 큰소리로 외쳤습니다. 조용히 책을 읽던 아이들의 이목이 내헌이에게 집중 되었습니다.

Q "학교에서 생긴 일'을 읽고 모둠 친구들과 이야기 나누어 봅시다.

• 잘못된 행동에 밑줄을 그어보세요.

• 왜 그렇게 행동하면 안될까요?

_____

_____

_____

_____

• 그렇다면 어떻게 행동하는 것이 좋을까요?

_____

_____

_____

_____

• 학교 안 여러 장소에서 다른 사람에게 피해를 주지 않기 위해 어떤 것들을 지켜야 할까요?

장 소	지켜야 할 일
교실	
복도	
운동장	
화장실	
급식실	

• 다른 사람에게 피해를 주지 않아야 하는 이유를 모둠 친구들과 이야기하여 봅시다.

이 름	피해주지 않아야 하는 이유

• 실천 내용 5가지를 정해 일주일간 실천해 봅시다.

실천 내용	지켜야하는 이유	잘했으면 ○표				
		하	화	수	목	금
예) 급식실 아주머니께 감사하다고 인사드리기	예) 감사하다고 말하면 서로 기쁩니다.					

6 존중 / 다문화

❶ 소개

존중과 다문화는 오늘날 세계화와 더불어 지구촌 사람들이 함께 살아가기 위해 개인에게 꼭 필요한 문화적 소양라고 할 수 있다. 존중과 다문화에 대한 바른 태도는 인류의 다툼과 갈등을 해결하는 매우 중요한 원칙이며, 가속화되는 다문화 사회 도래와 더불어 서로 힘을 합쳐 조화롭게 살아가는데 매우 중요한 핵심역량이 될 것이다.

존중과 다문화의 하위 요소로는 이질성 · 다양성 가치, 타문화에 대한 지식과 이해, 심미성에 대한 존중, 다원화적 가치 지향성, 인류애, 인도, 관용, 박애, 허용 등이 있다. 이 장에서는 이질성 · 다양성 가치, 타문화에 대한 지식과 이해, 심미성에 대한 존중, 인류애, 박애 등의 하위요소를 중심으로 프로그램을 소개하고자 한다.

❷ 프로그램 소개

프로그램명	소 개	비 고
행복한 나라의 동화 이야기	다양한 문화권의 동화들을 살펴보고 그 속에 담겨진 공통적 가치와 삶의 모습 공유하기	이질성 및 다양성 가치
마음 따뜻한 느린 우체통	문화의 차이로 인해 생기는 문제들을 알아보고 이를 돕기 위한 나의 실천 다짐 편지쓰기	타문화에 대한 지식과 이해
고흐를 위한 미술전시회	힘겨웠던 예술가들의 삶과 작품을 들여다보고 작가의 삶을 위로하는 그림 그려보기	심미성에 대한 존중
사랑을 실천한 인물사전	국가, 인종을 넘어서 사랑을 실천하는 삶을 사는 사람들의 이야기를 나누고 공감하기	박애
사랑은 음악을 타고	어려움으로 힘들어하는 세계 각국의 사람들에게 희망을 주는 노래 가사를 만들어 보기	인류애

❶ 행복한 나라의 동화 이야기　존 중 / 다 문 화

수업개요	다양한 문화권의 동화들을 살펴보고 친구들에게 소개하면서 그 속에 담겨진 인류 보편적 가치와 삶의 모습 공유하기
수업자료	PC, 스티커, 활동지　　　　　**소요시간**　3차시

1. 도입

- **생각열기**
  - 우리 전래 동화와 비슷한 외국 동화 이야기 나누기(콩쥐팥쥐와 신데렐라 등)
- **학습목표 제시**
  - 다양한 문화권의 동화들을 함께 보고, 중요한 가치를 찾을 수 있다.

2. 전개

활동 1 **다양한 문화권의 동화 조사하기**
  - 여러 나라의 동화(플래시 자료)를 살펴보고 줄거리 정리하기
  *올리볼리 그림동화 사이트(http://www.ollybolly.org/) 참조

활동 2 **감명 깊었던 다른 나라의 동화 소개하는 글쓰기**
  - 활동지에 나라, 등장인물, 줄거리, 인상 깊은 장면 등을 포함해 소개하는 글을 쓰고 게시하기
  - 소개하는 글을 보고 기대되는 작품에 스티커 붙이기

활동 3 **'행복한 나라의 동화이야기' 선정작 함께 보기**
  - 스티커를 가장 많이 받은 작품 2편을 함께 감상하기
  - 동화 속에 나타난 생각이나 주제(가치), 사람들의 생활 모습 등 이야기 나누기

3. 정리

감상문 작성하고 공유하기

TIP

교사의 지도 계획에 따라 포스터 그리기, 역할극으로 재구성하기, 편지 쓰기 등의 활동 으로 변경하여 지도할 수 있다.

❷ 마음 따뜻한 느린 우체통

수업개요	문화의 차이로 인해 생기는 어려움이나 문제 상황을 알아보고 이를 해결하기 위한 나의 실천 다짐을 편지로 쓰기
수업자료	만화 자료, 우체통, 편지지 **소요시간** 2차시

1. 도입

- **생각열기**
  - 레인보우 플러스 사이트 카툰 [한국 화장실은 요금이 얼마예요?] 함께 읽고 문화의 차이 이야기 나누기

- **학습목표 제시**
  - 문화의 차이로 인해 발생하는 문제 상황을 알고 이를 해결하기 위한 나의 실천을 다짐할 수 있다.

2. 전개

활동1 외국인이 우리나라에 와서 겪는 어려움 조사하기
- 문화의 차이로 인해 외국인(또는 우리)이 겪는 어려움 조사하기
- 조사한 내용 발표하고 해결방안(도움을 주는 방법) 토의하기
- 우리 학교 다문화 친구들을 위한 구체적 방법 토의하기

활동2 실천 다짐이 담긴 편지를 느린 우체통에 보내기
- 느린 우체통에 대해 알아보고 활동 이해하기
- 다문화 친구들을 위한 나의 실천 다짐, 반성의 내용이 담긴 편지를 쓰고 학급 느린 우체통에 넣기

느린 우체통은 빠른 것을 중요시 여기는 21세기에 기다림의 의미를 일깨워 주기 위해 지방자치단체와 공공기관에서 추억을 기념할 장소에 설치한 우체통이다. 우체통이 위치한 곳에서 무료로 제공되는 엽서나 직접 가져온 우편물에 사연을 적어 우체통에 넣으면 6개월이나 1년 뒤 적어둔 주소로 배달해 준다.

3. 정리

편지에 어떤 내용을 썼는지 발표하고 실천 약속 공언하기

TIP

여건상 느린 우체통(편지)은 교실에서 보관하였다가 학기 말에 학생들에게 나누어 준다. 하지만 실제 인근 지역에 느린 우체통이 있는 경우 이를 활용하면 더욱 좋다.

③ 고흐를 위한 미술 전시회　　존 중 / 다 문 화

수업개요	인정받지 못해 힘든 삶을 살았던 빈센트 반 고흐의 삶과 작품을 알아보고 위로하는 그림 전시회 열기
수업자료	그림 자료, 동영상, 도화지, 물감, 붓, 등　　소요시간　4차시

1. 도입

- **생각열기**
  - (빈센트 반 고흐) 그림 작품 살펴보고 아는 내용 이야기하기
- **학습목표 제시**
  - 예술가가 가진 심미성과 노력에 대해 존중하는 마음을 가질 수 있다.

2. 전개

활동 1　빈센트 반 고흐 조사하고 퀴즈 대회 참여하기
- 작품, 생애 등 빈센트 반 고흐에 대해 알아보고 마음에 드는 작품 찾기
- 빈센트 반 고흐와 관련한 간단한 퀴즈 맞추기 활동하기

활동 2　작가의 삶과 표현 방법에 대해서 이해하기
- 빈센트 반 고흐의 그림을 함께 보면서 어떻게 표현했는지 살펴보기
- 빈센트 반 고흐의 삶을 듣고 위로하는 표현해보기
*고흐의 삶 설명은 유튜브에서 '빈센트 반 고흐 이야기' 검색

활동 3　빈센트 반 고흐 따라잡기
- 자신이 좋아하는 고흐의 그림을 따라 그리거나 표현기법을 흉내내어 고흐에게 전하고 싶은 그림 그리고 전시하기
- 큐레이터가 되어 내가 그린 그림을 친구들에게 설명해주기

3. 정리

빈센트 반 고흐 추모곡(뮤직비디오) 함께 감상하기
*유튜브에 '빈센트 반고흐 Stary stary night (한글자막)' 검색

TIP

오늘날 가장 유명한 화가임에도 당시에는 유행과 다르다는 이유로 인정받지 못해 힘들었던 고흐의 삶을 부각시켜 '예술가가 가진 심미성과 노력에 대해 존중해야 한다'라는 의도로 수업을 진행한다. 작가의 삶 중 부적절한 부분은 수업의 영역에서 배제한다.

❹ 사랑을 실천한 인물사전

수업개요	국가, 인종을 넘어서 사랑을 실천하는 사람들의 이야기를 알아보고 박애정신 되새기기
수업자료	A4용지, 색연필, 싸인펜 등

소요시간	2차시

1. 도입

• 생각열기
- [나영석 프로듀서가 전하는 '울지마 톤즈' 이야기] 동영상 보고 박애의 뜻 생각해보기
*유튜브에서 제목으로 검색하여 활용하기

• 학습목표 제시하기
- 박애를 실천하는 삶을 사는 사람들을 알아보고 이를 실천하려는 마음가짐을 가질 수 있다.

2. 전개

활동 1 **사랑을 실천한 사람들 조사/발표하기**
- 우리 주변 또는 역사 속에서 박애를 실천하는 사람들 조사하기
- 조사 내용 발표를 통해 내용 공유하기
- 전체 인물들 중에서 나에게 감명을 준 사람 뽑기(BEST 5)

활동 2 **[사랑을 실천한 인물사전] 만들기**
- 계단책을 접어 내가 뽑은 인물들로 사랑을 실천한 인물사전 만들기
- 필요한 인물의 정보는 발표한 친구들에게 다시 조사하여 작성하기
- 내가 만든 사전 속에 인물들에 대해 순위별로 발표하기

3. 정리

편지에 어떤 내용을 썼는지 발표하고 실천 약속 공언하기
- 내가 실천하고 싶은 사랑(박애)에 대해 액션플랜으로 계획하기

TIP

중국 씨촨성 지진을 비롯해 다른 나라의 슬픈 일들에 함께 추모하는 일도 박애의 정신을 실천하는 방법이다. 학생들이 실천할 수 있는 쉽고 구체적인 방법에 대한 지도가 필요하다.

⑤ 사랑은 음악을 타고

존 중 / 다 문 화

수업개요	어려움으로 힘들어하는 세계 각국의 사람들에게 희망을 주는 노래 가사를 만들어 보기

수업자료	활동지, 평가지, 동영상 등	소요시간	4시간

1. 도입

- **생각열기**
  - 다른 사람에게 위로를 줄 수 있는 방법 이야기하기
  - 마이클 잭슨의 "Heal the world" 뮤직비디오 감상하고 이야기하기
- **학습목표 제시하기**
  - 여러 가지 문제로 힘들어하는 지구촌 사람들을 위로하는 활동에 참여할 수 있다.

2. 전개

활동 1 나에게 힘을 주는 노래 소개하기 활동지 1
- 노래가사를 중심으로 나에게 힘을 주는 노래를 친구들에게 소개하기
- 지구촌 사람들에게 희망과 위로가 되는 노래 떠올리기

활동 2 노래 가사를 바꾸기 활동지 2
- 모둠 단위로 지구촌 사람들에게 힘을 줄 수 있는 노래를 선정하고 주제에 맞게 노래
  가사 바꾸어 연습하기
- 필요할 경우 토의를 거쳐 의상 및 안무 등 준비하기
- 모둠 단위로 노래 발표하고 평가하기 **평가지**

활동 3 제작한 희망과 위로의 노래 전달하기 활동지 3
- 가사 수정 및 협의를 거쳐 바꾼 노래를 동영상으로 제작하기
- Youtube를 통해 제작한 동영상을 업로드하여 공유하기

3. 정리

동영상 함께 감상하며 활동 후 소감 자기평가하기

평가 기준	평가방법
다른 사람에게 위로를 주기 위해 최선을 다하였는가?	자기평가
전달하고자 하는 메시지가 잘 표현되었는가?	동료평가
표현하고자 하는 주제에 맞게 가사를 바꿀 수 있는가?	수행평가

제목 :

〈노래 가사〉 　　　　　　　　　　　　　가수 :

〈이 노래를 소개하는 이유〉

＊특별히 좋아하는 부분이 있다면 표시해 봅시다.

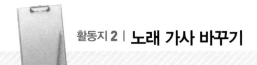 

제목 :

〈원곡 :   〉

〈노래 가사〉   가수 :

Q__ 함께 만든 노래를 동영상으로 제작하기 위한 계획을 세워 봅시다.

〈필요한 준비물〉

〈역할 분담〉

〈촬영 계획〉

평가지 | **자기 평가**

존 중 / 다 문 화

• 우리 모둠 활동 만족도 자기 평가하기

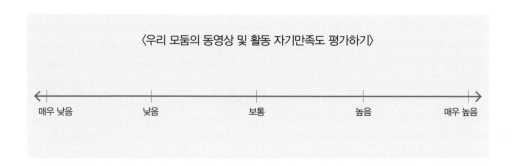

⟨우리 모둠의 동영상 및 활동 자기만족도 평가하기⟩

매우 낮음 　　　 낮음 　　　 보통 　　　 높음 　　　 매우 높음

평가지 | **동료 평가**

존 중 / 다 문 화

• '노래 가사 바꾸기'활동 발표 내용 한 줄 평가(동료평가)

모둠명	발표 내용에 대한 나의 한 줄 평가(서술형)

7 공감

❶ 소개

공감은 상대방이 느끼고 있는 감정을 함께 공유하는 과정을 말한다. 하지만 단순하게 다른 사람이 느끼는 감정을 머리로 이해하거나 인지하는 것이 아니라 상대방의 입장에서 온전히 느낄 수 있는 능력을 의미한다.

공감의 하위 덕목으로는 불우이웃돕기, 일손 돕기, 나눔, 봉사, 반성과 마무리, 용서, 공감, 공정, 봉사정신, 선의, 연민, 이타심, 인도, 자비심, 자선, 자애, 참여, 평등의식 등이 있다. 이 장에서는 공정, 나눔, 자선, 공감, 반성, 용서 등의 하위요소를 중심으로 프로그램을 소개하고자 한다.

❷ 프로그램 소개

프로그램명	소 개	비 고
공감의 벽을 넘어서	함께 공감의 벽 만들기를 통해 우리 교실의 공정한 약속과 규칙 정하기	공정
20초의 약속	우리 주변의 소외된 이웃의 생활을 올바로 이해하고 나눔과 선의를 위한 홍보물 만들기	나눔 자선
괜찮아 노트	친구들간의 솔직한 감정을 들여다보고 이해하지도 표현하지도 못했던 내 마음을 전해보기	공감용서
도전 공감왕!	공감을 통해 모두에게 타당한 규칙을 정하고 올바른 소통을 위한 기본 이해활동	공감참여
공감극장	가족, 친구간의 문제에서 생기는 갈등들을 다양한 입장에서 역할놀이를 통해 공감하고 이해 해보기	공감

① 공감의 벽을 넘어서

수업개요	학생들이 공통으로 느끼는 감정을 바탕으로 학급의 규칙과 약속을 만드는 연습을 하는 수업		
수업자료	전지, 붙임쪽지, 싸인펜	소요시간	2차시

1. 도입

- **생각열기**
  - 사람들이 함께 어울려 살아가는데 꼭 필요한 것 이야기하기
- **학습목표 제시**
  - 모두가 공감할 수 있는 우리 교실 약속을 만들 수 있다.

2. 전개

활동1 **수다가 필요해 (토의하기)**
- 교실에서 다른 친구들의 행동으로 인해 불편했거나 기분이 나빴던 일들을 다양한 그룹으로 바꿔가며 이야기 나누기
- 토킹 스틱(Talking stick)을 활용하여 모두가 발언 할 수 있도록 하기
- 같은 경험이 있는 경우 공감하면서 이야기 이어가기

활동2 **공감의 벽 만들기**
- 붙임 딱지에 우리 교실에 필요한 규칙이나 약속 적기
- 작성한 붙임 딱지는 전지에 붙여서 모든 학생들이 볼 수 있게 하기

활동3 **우리 학급 공감 약속 정하기**
- 붙임 딱지를 비슷한 내용끼리 묶어 유형별로 나열하기
- 학생들과 이야기 나누며 학급 공감 약속 정하고 선포하기

3. 정리

우리 학급 공감 약속 실천의지 다지기
- 우리 학급 공감 약속을 잘 보이는 곳에 게시하고 함께 읽기

TIP

수업 후 쉬는 시간을 갖고 학생들이 충분히 공감의 벽 내용을 읽어볼 수 있도록 지도한다. 공감의 벽은 일정기간 게시한다.

❷ 20초의 약속

수업개요	나눔 및 자선 등과 관련하여 모두가 공감할 수 있는 간단한 CF를 만들고 공유하는 수업

수업자료	공익광고, 스마트 폰, 평가지 등	**소요시간**	3차시

1. 도입

- **생각열기**
  - 불우이웃돕기 관련 공익광고 보고 생각 나누기
- **학습목표 제시**
  - 나눔 및 자선활동을 홍보하는 간단한 동영상을 만들 수 있다.

2. 전개

활동1　기존 공익광고 조사하고 아이디어 나누기
- 인터넷 검색을 통해 공익광고를 조사하고 아이디어 얻기
- 자막, 음악, 편집 등과 관련하여 효과적인 방법 찾아보기
- 팀별 광고 제작 방법에 대하여 아이디어 토의하기

활동2　영상 제작 및 편집하기
- 스마트폰을 이용하여 모둠별 광고영상 제작하기
- 제작된 영상을 제한된 시간(20초 이내)에 맞게 편집하기
＊[video show] 앱을 활용하기, 사용법은 검색창에서 검색

활동3　20초의 약속 시사회
- 모둠별로 제작한 '20초의 약속' 영상 발표하기
- 영상 발표에 앞서 제작진의 설명시간을 갖기

3. 정리

20초의 약속 평론하기
 - (동료평가) 시청한 작품들에 대해 느낀 점 적어보기

TIP

단순한 동영상 발표에만 그치지 말고 제작의도, 어려웠던 점 등을 포함하여 활동의 의미를 상기시키
도록 한다.

❸ 괜찮아 노트

공 감

수업개요	학생들이 위로 받고 싶었던 이야기들을 서로 글로 표현하고 공유함으로써 느낌을 공감할 수 있도록 하는 수업
수업자료	전기 촛불, 노트

소요시간	2차시

1. 도입

- **생각열기**
  - 청소년들이 자살 직전에 남긴 메모나 편지 자료를 보고 생각나누기
  - 힘들어하는 다른 친구를 위로할 수 있는 방법 이야기하기

- **학습목표 제시**
  - '괜찮아 노트'를 통해 서로의 감정을 공유하고 공감할 수 있다.

2. 전개

활동 1 **고백의 시간 – 촛불 앞에 앉아서**
- 반 전체가 원형으로 모여 앉기(안전한 전기촛불 이용하기)
- 힘들었던 순간과 듣고 싶었던 위로의 말 이야기 나누기
→ (전기촛불을 이동시키며) 순서대로 이야기하기

활동 2 **괜찮아 노트 쓰기**
- (익명의 노트) 각자 위로 받고 싶은 일, 하고 싶은 이야기 등을 적기
- 선생님이 모두 걷어서 무작위로 친구들에게 나누어 주기
- 받은 노트의 내용을 읽고 깊게 생각하고 '괜찮아'로 시작하는 공감하는 익명으로 댓글 적어주기(장난 및 비난성 내용 적지 않기)
- 이후 노트는 모든 사람이 읽을 때가지 돌리되 읽고 쓰고 싶을 때마다 댓글 써주기
- 주인에게 노트를 돌려주는 것이 아니라 모든 노트는 교사가 걷고 다음 활동 때 다시 나누어 같은 방법으로 활동(가급적 교사도 참여)

3. 정리

작성된 노트의 내용 중 함께 공유할만한 내용 읽어주고 생각해보기

🅣🅘🅟

괜찮아 노트는 모든 학생들이 다양한 디자인의 노트를 사용하게 하는 등 익명화 할 수 있는 장치들을 마련하는 것이 좋다. 또한 정기적으로 운영하여 학생간의 감정순화와 관계 개선에 활용할 수 있다. 단 태도와 작성법 등을 항상 주의시켜야 한다.

4 도전 공감왕!

수업개요	공감하는 활동을 통해 학생들이 바람직한 공동의 선을 공유하기 위한 수업
수업자료	접시, 매직, 젓가락, 테이프 **소요시간** 2시간

1. 도입

- **생각열기**
  - 페이스북이나 게시판에 '좋아요', 또는 '공감 댓글'이 많이 실리는 글들의 특징은 무엇인지 이야기 해 보기
- **학습목표 제시**
  - 서로 공감할 수 있는 상황과 소재들을 공유할 수 있다.

2. 전개

활동 1 **'좋아요' 팻말 만들기**
- 접시와 나무젓가락을 테이프로 고정, 접시 위 '좋아요'를 쓴 팻말 만들기
- '좋아요' 팻말은 이후 활동 시 친구의 발언에 공감했을 때 사용

활동 2 **도전 공감왕 선발전**
- 교사는 칠판에 다양한 일상생활 속 상황 제시하기
- 예) 학교에서 화가 날 때, 친구들이 얄미울 때, 우리 선생님이 최고라고 느낄 때, 우리 아빠가 최고라고 느끼는 순간 등
- (모둠별) 각자 돌아가며 발언하여 공감왕 선발하기(10회)
- → 10회중 가장 많은 팻말 점수를 얻은 학생을 대표로 선정
- 모둠 대표끼리 전체학생을 대상으로 공감 발언하여 공감왕 뽑기

3. 정리

- 공감을 얻은 상황들을 정리하고 공감을 얻는 방법 이야기하기
- 공감의 필요성과 중요성에 대하여 느끼고 성찰일지 쓰기

TIP

단순히 공감을 얻은 일보다 정리 활동을 통해 어떤 점 때문에 공감되었는지 나쁜 일이라면 어떻게 해결해야 할지 좋은 일이라면 앞으로 어떻게 더 가꾸어 가야할지 등을 논의해야 한다.

❺ 공감극장

수업개요	가족, 친구간의 문제에서 생기는 갈등들을 다양한 입장에서 역할놀이를 통해 공감하고 이해 해보기 위한 수업

수업자료	개별 소품, 상황카드, 평가지	**소요시간**	4차시

1. 도입

- **생각열기**
  - 화장실에서 있었던 일을 읽고 공감하는 부분 이야기하기

- **학습목표 제시**
  - 역할놀이를 통해 나와 주변 인물들과의 갈등에 대하여 친구들과 공감할 수 있다.

2. 전개

활동1 **공감극장 상황카드 뽑기**　**활동지 1**
  - 모둠 안에서 각자 (인물, 장소, 상황) 카드를 뽑아 상황 설정하기

활동2 **역할극 대본 작성 및 역할극 연습하기**　**활동지 2**
  - 각자 뽑은 상황카드를 활용해 간단한 역할극 대본 작성하기
  - 모둠별로 배역 분담 및 역할극 연습하기

활동3 **공감극장 연출하고 발표하기**　**평가지**
  - 모둠별 연출한 역할극을 친구들 앞에서 발표하기
  - 역할놀이에 대하여 동료평가와 자기평가 실시하기

3. 정리

  - 각 모둠별 발표내용 중 공감되는 부분에 대해 서로 이야기하기

평가 기준	평가방법
역할놀이에 적극적으로 참여할 수 있다.	자기평가 관찰평가
모둠원이 힘을 합쳐 공감이 되는 이야기를 실감나게 연기 할 수 있다.	동료평가
상황카드를 이용하여 공감하는 이야기를 작성할 수 있다.	활동지

저는 화장실에서 큰(?)일을 잘 보지 않습니다. 이유는 혹시나 큰(?)일을 보다가 화장실 안의 친구들에게 냄새라도 난다면 친구들의 놀림을 받을까봐 두렵기 때문입니다. 그런데 얼마 전 아주 화가 나는 경험을 했습니다. 친구들이랑 뛰어놀다가 목이 말라 차가운 우유를 너무 급하게 먹어서인지 배가 아프기 시작했습니다. 수업시간에 화장실에 간다고 하면 혼날 것 같아 꾹 참다가 3교시가 끝나자마자 아래층 3학년 화장실로 내려갔습니다. '여긴 6학년들이 안 오겠지'라고 생각하고 볼 일을 보는데 밖에서 장난치는 남자아이들의 목소리라 들렸습니다. 그리고는 '진수야! 너 그 안에 있지? 똥싸냐?'라는 말이 들려왔고 저는 후배지만 부끄러서워서 조용히 있었습니다. 대답이 없으면 갈 줄 알았는데 남자아이는 화장실 문을 마구 흔들고 발로 차기 시작했습니다. '너 있는 거 알아, 진수 나와', 전 당황스럽기도 했지만 큰(?)을 보던 중이라 부끄러워서 문고리만 꾹 잡고 있었습니다. 잠시 동안 조용해지는가 싶더니 머리 위쪽 화장실 옆 칸으로 고개를 들이밀고 3학년 남자아이가 '야 이진수'라고 소리쳤습니다. 전 정말 부끄러워서 크게 '야! 꺼져!'라고 소리를 질렀습니다. 정말 화가 나고 부끄러운 순간이었습니다. 전 6학년 아이들에게도 이야기를 했고 얼마 뒤 국어시간 이야기 상황 꾸미기에서 이 이야기로 역할놀이를 하기도 했습니다. 많은 친구들이 '정말 열 받았겠다'라고 공감해 주는데 그 때까지도 누그러지지 않던 화가 조금 가라앉는 듯 했습니다. 여러분도 만약 저와 같은 상황이었다면 부끄럽고 화도 많이 나셨겠죠? 여러분들은 이 글을 읽고 이런 장난은 절대 하지 않을 거라고 생각합니다. 감사합니다.

인물	장소	문제
엄마, 아빠	집	성적
형제, 자매	교실	잔소리
친구	화장실	무시
선생님	운동장	말
(?)	(?)	(?)
(?)	(?)	(?)

＊두꺼운 종이에 복사한 후 잘라서 사용하세요.

Q__내가 뽑은 상황카드를 이용해 간략한 대본을 써 봅시다.

• 내가 뽑은 공감극장 상황카드를 붙여 봅시다.

누구와	어디에서	무엇을

평가지 | **자기 평가**

• 공감극장 활동 참여도 자기 평가하기

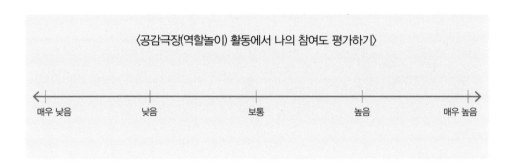

〈공감극장(역할놀이) 활동에서 나의 참여도 평가하기〉

매우 낮음　　　낮음　　　보통　　　높음　　　매우 높음

평가지 | **동료 평가**

• 친구들의 공감극장 발표에 대한 의견을 써 보세요

○학년 ○반 ○○○

친구이름	공감극장 발표에 대한 나의 의견 (좋은 점, 조언하고 싶은 점 등)
(　　　)	
(　　　)	
(　　　)	
(　　　)	

＊상호(동료)평가할 모둠을 정하고 평가 실시하기

176

8 소통

❶ 소개

오늘날 공감과 소통이란 말은 한 몸처럼 사용되고 있다. 소통은 뜻이 서로 통하여 오해가 없는 것을 말하며, 이런 소통이 가능한 까닭은 공감이 바탕이 되기 때문이다. 소통의 힘은 협동과 화합의 순간에 더욱 빛을 발한다. 특히 인성교육에서 소통은 매우 넓은 범위에서 교육될 수 있다. 소통의 하위 요소로는 적응, 사제동행, 서로 돕는 생활, 문화 간 어울림(다문화 교육), 장애이해, 자기이해, 국제이해, 민주시민, 역할활동, 여가활용교육/자살예방, 학교폭력예방, 유괴방지, 안전예방교육, 타인권리침해 예방교육, 편견극복, 정보통신 윤리교육, 재난 및 재해 예방, 난민구호, 인권보호, 성교육 등이 있다. 이 장에서는 정보통신 윤리교육, 장애이해, 서로 돕는 생활, 역할활동, 자기이해, 편견극복 등의 하위요소를 중심으로 프로그램을 소개하고자 한다.

❷ 프로그램 소개

프로그램명	소 개	비 고
SNS (Sorry & Swear)	SNS 폭력에 대해 알고, '반성하고 약속하는 편지'를 통해 올바른 실천의지 함양하기	정보통신 윤리교육
체험, 협동의 현장	소통하며 서로 돕는 삶이 가지는 힘을 즐거운 체험활동을 통해 경험하기	장애이해, 서로 돕는 생활
친구들과 온작품 읽기	온작품 읽기 수업을 통해 올바른 소통의 중요성과 필요성을 이해하고 소감 공유하기	자기이해, 역할활동
소통의 시식, 눈맞춤	'눈맞춤'이 가지는 의미와 효과를 이해하고 진실한 소통을 위한 태도 기르기	적응
편견을 바꾸는 광고지	소통하지 못해 생긴 세상의 편견들을 알아보고 이를 바꾸기 위한 광고지 만들기	편견 극복

❶ SNS (Sorry & Swear) 편지

수업개요	오늘날 다양한 소통의 방법들, 그 중 SNS 폭력에 대해 이해하고 바른 행동을 위한 실천 의지를 함양시키는 수업		
수업자료	편지지, 밀폐용기 등	소요시간	2차시

1. 도입

- **생각열기**
  - SNS 사용과 관련하여 피해를 입은 경험 나누기

- **학습목표 제시**
  - SNS 폭력에 대해 바로 알고 예방하려는 실천의지를 가질 수 있다.

2. 전개

활동1 SNS를 통한 학교폭력에 대해 조사하고 토의하기

- 모둠별로 SNS를 통한 학교폭력의 피해사례 조사하기
- → '카톡감옥', '반톡왕따', '카스왕따', '카톡왕따 유형' 등
- 조사한 내용을 발표하면서 문제의식 공유하기

활동2 약속과 다짐의 SNS(Sorry N Swear)편지 쓰기

- 약속과 다짐의 SNS(Sorry N Swear) 편지 쓰기
- → 미안했던 자신의 잘못이나 앞으로 SNS를 통한 학교폭력에 참여하지 않겠다는 내용이 담긴 편지 쓰기
- 작성한 편지를 SNS편지함(밀폐용기)에 넣고 교실에 비치하기

3. 정리

활동내용 정리하고 밀봉한 SNS편지함 활용방법 이야기하기

- SNS 폭력 예방 실천의지를 다지고, 함께 만든 SNS편지함은 학급에 해당 사례가 발생할 경우 꺼내어 함께 읽기로 약속하기

TIP

SNS 편지함은 교실에 보이는 곳에 비치하고 SNS 폭력 사례가 발생했을 경우 자신의 편지를 꺼내어 읽어보면서 스스로 반성하고 재발하지 않도록 활용한다.

수업개요	체험을 통해 장애를 이해하고 소통을 통해 협동하면 극복할 수 있는 부분이 있음을 즐겁 게 이해시키는 수업		
수업자료	안대, A4용지, 제시할 그림	소요시간	2차시

1. 도입

- **생각열기**
  - [장님과 앉은뱅이] 이야기 듣고 이야기 나누기
- **학습목표 제시**
  - 서로 돕는 생활의 필요성과 소통의 힘을 깨달을 수 있다.

2. 전개

활동 1　둘이서 함께 그리는 그림

- 2인 1조가 되어 선생님이 제시하는 그림(도형) 따라 그리기
- → 안대를 하고 펜을 든 사람이 친구가 보고 설명 하는대로 종이 위에 그림(도형) 그리기
- 그림 확인하고 역할 바꾸어 해보기

활동 2　도전, 모델 만들기

- (2인 1조) '앞을 볼 수 있지만 말을 못하는 학생(A)'과 '볼 수는 없지만 말을 할 수 있는 학생(B)'으로 역할을 나누기
- 선생님이 표현하는 동작을 A학생이 보고 확인하기
- B학생은 짝에게 질문을 하여 A학생으로부터 정확한 동작 알아내기 단, A학생은 박수로만 대답함(한번 'YES', 두 번 NO')
- 제한시간 후 B학생이 정확한 동작을 몸으로 표현하면 통과

3. 정리

- 장애 활동 소감에 대한 이야기 나누기
- 협동의 중요성과 나의 다짐에 대해 성찰일지 쓰기(내면화)

TIP

장애이해교육활동으로 진행할 수도 있지만 교사는 학생들에게 바른 소통과 협동늘 통해 분세늘 해 결할 수 있다는 목표로 지도해야 한다. 활동은 경쟁이 아닌 이해와 체험을 목표로 한다.

❸ 친구들과 온작품 읽기

수업개요	소통을 주제로 한 작품 전체를 함께 읽고 감상을 공유함으로써 다른 사람과 공감하고 소통하는 수업		
수업자료	도서, 스마트폰, TV, 실물화상기 등	소요시간	3차시

1. 도입

- **생각열기**
- '말 한마디에 천냥 빚도 갚는다' 속담 이야기 나누기

- **학습목표 제시**
- 온작품 읽기를 통해 올바른 소통의 중요성을 알 수 있다.

2. 전개

활동 1 온작품 함께 읽기 – [잘못된 영수증](오수민 저)
- 제목과 표지그림을 보고 이야기 미리 예측해보기
- 반 모든 친구들이 작품을 돌아가며 소리 내어 읽기

활동 2 영상 인터뷰하기
- 책을 읽고 난 후 자신의 느낌, 생각, 이야기의 주제 등에 대해 정리하기
- 짝을 정해 스마트폰을 이용하여 1분 영상 인터뷰 촬영하기
- 영상 인터뷰 시청을 통해 친구들의 감상 공유하기

활동 3 영상 인터뷰하기
- 친구와 소통을 위해 각자 노력할 내용을 액션플랜으로 작성하고 발표하기

3. 정리
- 온작품 읽기를 통해 알게 된 점/느낀 점 이야기 나누며 정리하기

TIP

온작품(한 권의 책)을 공유한다는 것은 그 안에 내포된 가치와 생각들을 공감한다는 측면에서 매우 의미 있는 일이다. 학급 인원만큼 도서를 마련하기 어려울 경우 실물화상기와 같은 수업 기자재를 활용한다.

수업개요	'눈맞춤'이 가지는 의미와 효과를 이해하고 소통을 위한 진지한 태도에 대해 배우고 실천을 다짐하는 수업	
수업자료	동영상	
소요시간	1차시	

1. 도입

- **생각열기**
  - 우리 반 '눈싸움 왕' 선발하기
  - '눈'으로 할 수 있는 일 이야기하기
- **학습목표 제시**
  - 눈맞춤의 필요성을 이해하고 소통을 위한 약속을 할 수 있다.

2. 전개

활동1 [지식채널e—눈맞춤의 힘] 함께 시청하고 이야기 나누기
- 영상을 통해 '눈맞춤'이 주는 효과와 필요성 알아보기
- 일상 생활에서 '눈맞춤'이 필요한 상황 이야기해 보기

활동2 우리 반 눈맞춤 약속하기
- 교실에서 '눈맞춤'이 필요한 상황 이야기 나누기
- 교실에서 이런 상황에는 꼭 '눈맞춤' 나누기 약속하기
- 짝과 함께 이야기 하면서 눈맞춤 연습 해보기

3. 정리

- 우리 반 아침맞이로 '눈맞춤 인사' 약속 확인하고 다짐하기
- '우리 반 눈맞춤 약속'을 게시판에 전시하기

TIP

초등학교 고학년 이상의 학생들에게 '눈맞춤'이란 쑥스러운 일이나, 하지만 대화의 방법, 서로를 존중하는 태도로서의 약속 등 매우 중요한 의미를 가진다. 서로 소통하여 이해시키는 것이 중요하다.

수업개요	올바른 소통을 하지못해 생긴 우리 사회의 편견들을 함께 탐구하고 올바른 세상을 만들기 위한 소통의 노력을 가르치는 수업		
수업자료	동영상, 활동지1,2, 평가지	소요시간	3차시

1. 도입

- **생각열기 – "The Whale" Japanese Ad Council 광고 함께 시청하기**
  - (1분까지만 시청 후) 아이는 무엇을 하고 있을까? 이야기 나누기
  - (모두 시청 후) 아이를 바라보던 어른들은 무슨 생각을 가졌을지 이야기 나누기

- **학습목표 제시**
  - 나의 편견에 대해 알고 편견을 바꾸기 위한 실천적 노력을 할 수 있다.

2. 전개

활동 1 우리가 가지고 있는 편견 이해하기
- '[Talk! Talk! 실험실] 당신의 편견은 무엇입니까?' 시청하기
- 동영상을 보고 편견이 무엇인지 이야기하고 생각 나누기

활동 2 문장 완성놀이 하기 활동지 1
- 문장 완성놀이를 통해 우리가 가진 생각들 정리해보기
- 각자 완성한 문장을 읽고 편견 찾아 이야기 나눠보기
- 이 밖에 우리 교실, 학교에 있는 편견들 찾아보기

활동 3 편견을 바꾸는 광고지 만들기 활동지 2
- 내가 생각하는 내용을 창의적으로 표현한 광고지 만들기
- 전시회를 열어 공유하고 평가하기

3. 정리 평가지 1, 2
- 편견에 대해 변화된 나의 생각을 마인드 맵으로 작성하기
- 나의 편견을 바꾸는 〈액션플랜〉을 작성하고 지키기 위한 다짐하기

4. 평가계획

평가 기준	평가방법
생각이 분명히 드러나는 광고지를 만들 수 있다.	동료평가
편견에 대해 학습한 내용을 마인드 맵으로 정리할 수 있다.	산출물 평가
편견을 해결하기 위한 액션플랜을 짤 수 있다.	산출물 평가

• 앞부분을 읽고 떠오르는 대로 문장을 완성해 보세요.

여자애들은 _____ 다.

남자애들은 _____ 다.

북한사람은 _____ 다.

남자는 어른이 되면 _____ 가야 한다.

여자는 결혼을 하면 _____ 다.

북한사람은 _____ 다.

병에 걸리면 _____ 다.

외국인의 머리 색깔은 _____ 다.

*사람들의 잘못된 편견을 바꾸기 위한 광고지를 만들어 봅시다.

☺ 친구가 만든 광고지의 내용을 보고 어떤 편견을 없애자는 의견을 알 수 있나요?
응원하는 한마디를 적어 봅시다.

• 이름 :

• 응원의 한마디 :

• 편견에 대해 나의 생각 표현하기

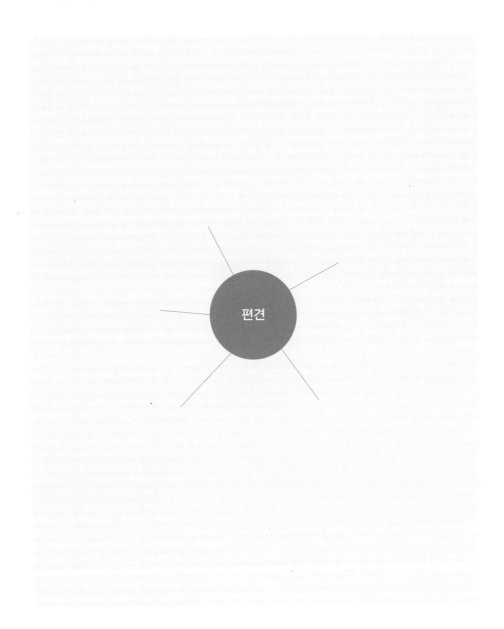

 평가지 **2** | **액션 플랜**

• 편견을 바꾸기 위한 나의 실천전략을 써 봅시다.

○학년 ○반 ○ ○ ○

실제로 할 수 있어요! Action Plan

| 무엇을 할 것인가? What | 언제 할 것인가? When | 어디서 할 것인가? Where |

나의 _____

다짐 _____

목표

| 어떻게 할 것인가? How | 누구와 같이 것인가? Who | 그 외 필요한 일들 |

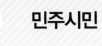

9 민주시민

❶ 소개

　민주주의란 개인의 자유와 만인의 평등을 기반으로 하여 국민이 권력의 주체임과 동시에 스스로 권력을 행사하는 정치형태이다. 또한 개인의 평등한 인권이 보장되고 사회 구성원의 의사가 반영되어 실현되는 체제를 말한다.

　민주주의 하위 덕목으로는 권위의 존중과 수용, 평등, 양심, 표현의 자유, 정의의 자유, 관용, 용기, 충성, 애국심, 애향심 등이 있다. 이 장에서는 용기, 표현의 자유, 평등, 인권, 공정한 분배를 주제로 프로그램을 개발하였다.

❷ 프로그램 소개

프로그램명	소 개	비 고
진정한 용기	주변에서 진정한 용기를 찾아보고, 용기 있는 행동의 중요성과 실천 의지 다지기	용기
당당한 자유인이란	사이버 공간에서 피해 사례를 조사하고 표현의 자유를 위해 필요한 조건 알아보기	표현의 자유
평등한 너와 나	양성평등의 필요성과 조화로운 성 역할이 무엇인지 역할극을 통해 경험하기	평등
차별은 NO! NO!	주변의 인권침해 문제를 알아보고, 인권 보호의 중요성 알리는 동영상 만들기	인권
나눔의 기쁨과 소중함	기부를 통한 부의 분배를 살펴보고 분배 원칙 및 분배 정의의 실현 기준 알아보기	공정한 분베

① 진정한 용기

수업개요	영화를 통해 어떤 행동이 진정한 용기인지 찾아보고, 용기 있는 행동의 중요성과 실천 의지 다지기

수업자료	영화 여러 편(편집영상 자료)	소요시간	2차시

1. 도입

- **생각열기**
  - 영화 속 주인공의 용기 있는 행동을 도덕적으로 판단해 보기
- **학습목표 제시**
  - 용기의 가치를 알고 용기 있게 행동하려는 마음을 가질 수 있다.

2. 전개

활동1 **용기 있는 행동의 종류에 대하여 토의하기**
- 용기를 낼 수 있는 다양한 상황 조사해 보기(도전, 위험 등)
- 상황별로 왜 용기가 필요한지 토의하고 발표하기

활동2 **가치갈등 상황 타블로(정지 동작)만들기**
- 친구가 어려움을 당하고 있는 상황을 타블로 형식으로 표현하기
- 갈등 상황에서 어떤 용기를 낼 수 있을지 의견나누기
  (예: 경찰에 신고하기, 소리 지르기, 싸움 말리기 등)
- 갈등 상황에 용기를 내어 직접 문제 해결해 보기

3. 정리

용기 있는 행동을 실천하기 위한 다짐 글쓰기
- 용기 관련 속담, 격언을 인용해 실천을 다짐하는 글을 쓰고 학급 게시판 등을 활용해 공유하기

TIP

인식의 내면화를 위해 학생들이 용기에 관해 개별 또는 모둠별로 표어나 광고문을 만들어 발표해 보는 활동도 좋다.

❷ 당당한 자유인이란

수업개요	잘못된 표현의 자유에 따른 사이버 공간에서의 피해사례를 조사해보고 참된 표현의 자유의 필요 조건 알기		
수업자료	컴퓨터, 만화 템플릿	소요시간	2차시

1. 도입

• 생각열기
- 잘못된 표현의 자유로 인해 타인으로부터 피해를 당한 경험 말해 보기
- 표현의 자유가 중요한 이유 생각해 보기

• 학습목표 제시
- 표현의 자유에 대한 중요성과 자유를 누릴 조건을 알 수 있다.

2. 전개

활동 1 사이버 악성 댓글로 인한 피해 및 처벌 사례 조사하기
- 사이버 공간에서 표현의 자유로 인한 피해 알아보기
- 악성 댓글로 인한 정신적 피해, 자살 등 사례 조사하기
- 사이버 언어폭력에 관한 처벌 및 규제 법규 알아보기

활동 2 인터넷 실명제에 대한 찬반 토론 및 토의하기
- 인터넷 실명제에 대하여 알아보기
- 인터넷 실명 사용에 관하여 찬성과 반대 주장하기
- 사이버 공간에서 표현의 자유와 함께 책임의 중요성 알기
- 표현의 자유를 누리기 위해 필요한 조건 토의해 보기

3. 정리

사이버 공간에서 표현의 자유와 어떤 책임과 조건이 필요한지 알리는 4컷 만화 그리기

TIP

인터넷 윤리 문화(https://www.iculture.or.kr/iculture/)에서 제공하는 사이버폭력 예방교육 자료를 활용할 수 있다.

❸ 평등한 너와 나

수업개요	성차별의 문제점을 알고 양성평등의 필요성과 조화로운 성 역할이 무엇인지 역할극을 통해 경험해 보기		
수업자료	설문지, 동영상, 역할극 이름표	소요시간	3차시

1. 도입

- **생각열기**
  - 양성평등 의식 설문조사하기, 동영상 시청 후 느낌 적기
- **학습목표 제시**
  - 성차별의 문제점과 조화로운 성 역할에 대하여 알 수 있다.

2. 전개

활동 1 성차별 역할극 및 토의하기
- 다양한 성차별 관련 상황을 역할극으로 표현하기
- 우리가 흔히 가지고 있는 성차별 고정관념 생각해 보기
- 일상 속에서 일어나는 남여 차별에 대하여 생각해 보기
- 성차별의 문제점에 대하여 토의하고 바람직한 방안 찾아보기

활동 2 동화 바꾸어 역할극 발표하기
- 신데렐라, 개구리 왕자 등의 동화로 양성평등 이야기 만들기
- 이야기를 역할극으로 꾸며 발표하기

활동 3 모둠토의활동 및 설문조사하기
- 옛날과 오늘 날의 성 역할 변화 비교하여 토의하기
- 결혼 후 남자와 여자가 역할 분담에 대해 이야기해 보기
- 양성평등 의식 설문조사 재실시 후 결과 비교해 보기

3. 정리

양성평등의 중요성을 알리는 글 또는 성찰일지 쓰기

TIP

학생들의 수준에 따라 양성평등의 범위를 가정에서 시작하여 사회로 범위를 넓혀 나간다.

④ 차별은 No! No!

수업개요	주변에서 일어나고 있는 인권 침해 이야기를 통해 인권 보호의 중요성을 알고, 인권보호를 알리는 동영상 제작 및 구체적인 실천 사항을 만들어 보기

수업자료	동영상, 인권침해 사례집, 스마트폰	**소요시간**	2차시

1. 도입

- **생각열기**
  - 인권 침해 영상보고 생각이나 느낌 공유하기
- **학습목표 제시**
  - 인권 보호의 필요성과 내가 인권 보호를 위해 할 수 있는 일이 무엇인지 알 수 있다.

2. 전개

활동 1 **주변의 인권 침해 이야기 읽고 토의하기**
- 다문화 학생이 학교에서 왕따를 당하는 이야기
- 외모 차별로 취업을 하지 못하는 취업 준비생의 이야기
- 외국인 근로자가 산재로 인한 피해보상을 받지 못한 이야기
→ 우리가 할 수 있는 일에 대하여 토의하고 발표하기

활동 2 **인권 보호 동영상 만들기**
- 인권 보호를 알리는 동영상 제작을 위한 시나리오 만들기
- 스마트폰으로 짧은 홍보 동영상 만들어 발표하기(모둠활동)

3. 정리

인권 보호의 필요성과 중요성을 확인하고 내가 실천할 수 있는 일을 적어서 학급 게시판에 제시하기

TIP

인권 관련 제도, 법, 기관 등에 대한 사전 조사 학습을 진행하여, 학생들이 객관적인 지식을 바탕으로 토의를 할 수 있도록 한다.

❺ 나눔의 기쁨과 소중함

수업개요	기부를 통해 부의 분배를 실천하는 사례를 살펴보고, 공정한 분배 원칙과 분배 정의의 실현 기준 알아보기
수업자료	새우과자, 학습지, 동영상

소요시간	2차시

1. 도입

- **생각열기**
  - 피자를 나누어 먹은 경험 나누기
  - 부를 사회로 환원하는 미국 부자들의 기부 기사 읽기
- **학습목표 제시**
  - 공정한 분배의 중요성을 알고 생활 속에서 실천할 수 있다.

2. 전개

활동1 **공정한 분배 원칙을 찾아라.** **활동지1**
  - 모둠별로 새우과자 한 봉지를 모둠원에게 공정하게 분배해 보기
  - 분배한 기준을 발표하고 모둠별 분배 기준 비교해보기
  - 가장 공정하게 분배한 모둠 선정하고, 분배원칙 토의하기

활동2 **정의로운 분배를 위한 기준 만들기**
  - 공정한 분배를 위한 기준 만들어 보기
  - 공정한 분배위해 필요한 노력 알아보기
  - 사회의 성장과 분배가 조화를 이루는 방법 생각해 보기

3. 정리

나눔을 위해 내가 실천할 수 있는 것들을 알아보고 구체적인 실천 계획 세우기, 실천 후 소감쓰기 **활동지2**

4. 평가계획

평가 기준	평가방법
배려하고 협력하며 모둠 활동에 적극 참여하였다.	관찰평가 자기평가
분배의 정의 실현을 위한 기준을 바르게 만들 수 있다.	산출물평가
이야기 작품을 다양한 방법으로 발표할 수 있다.	동료평가

• 〈미국 부자들의 기부 문화〉

세계적인 부호 석유왕 존 데이비슨 록펠러와 강철왕 앤드류 카네기는 미국의 부자 기부문화를 선두한 사람들이다. 이 중 앤드류 카네기는 부자로 죽는 것이 가장 부끄러운 일이라는 말을 남길 만큼 자선 사업에 헌신했다.

최근 미국 최고의 기부자는 빌 게이츠 부부이다. 빌 게이츠는 지난해 26억 5천만 달러를 기부했으며, 2013년과 2014년 2년 연속 미국 최대 기부자 1위를 차지하였다. 빌 게이츠는 부부의 이름을 딴 '빌 & 멀린다 게이츠 재단'을 설립하여

그들의 재산 37%에 달하는 302억 달러를 기부하여 부의 나눔을 실천하고 있다. 이 밖에 2위를 차지하고 있는 워렌 버핏 해서웨이 회장은 2년 연속 고액 기부자의 주요 인사이다. 미국의 기부 문화를 통해 아름다운 부의 재분배를 볼 수 있다.

Q__어떻게 하면 과자를 가장 공정하게 분배할 수 있을까요?
모둠원의 다양한 의견에 귀를 기울여 보세요.

모둠이름	
공정한 분배를 위한 친구들의 아이디어	
제안자	의견

＊ 우리 모둠이 채택한 의견과 그 이유는?

주변에서 내가 나눔을 실천할 수 있는 일을 찾아보세요. 내가 할 수 있는 일에 대해 구체적인 실천 계획을 세우고 실천해 보세요.

나도 나눔을 실천할 수 있어요.		
내가 실천 할 수 있는 일 찾아보기	❶	
	❷	
구체적인 실천 계획 세우기		
	❶	❷
언제		
어디서		
어떻게		
실천 후 소감 쓰기		

❶ 소개

　세계시민 의식이란 다양한 인종, 종교, 문화 등을 이해하고 존중하며 그것을 가치 있게 여기는 의식을 말한다. 지구촌 모든 사람은 고유한 권리와 가치를 지닌 소중한 존재이다. 우리는 세계시민으로서 당연히 누려야할 인간적인 삶과 행복을 누리고 평화롭고 풍성한 삶을 만드는데 실질적으로 기여할 수 있어야 한다.

　세계 시민의 하위 덕목으로는 청결, 정리정돈, 자연보호, 위생, 저탄소 생활습관, 녹색성장, 분리수거, 문화재 보호활동, 난민구호, 인권보호, 환경보전의식, 박애, 인도, 인류애, 시민성, 공정, 관용 등이 있다. 이 장에서는 현명한 소비와 공정무역, 녹색성장, 국제협력, 환경보전, 난민구호를 주제로 프로그램을 개발하였다.

❷ 프로그램 소개

프로그램명	소　개	비　고
커피 한 잔으로 세상 돕기	모의놀이를 통한 현명한 소비활동 및 커피 공정 거래 역할극하기	공정무역
아름다운 지구를 지켜라	지구 온난화의 원인과 피해 상황을 조사하고 생활 속에서 할 수 있는 실천 방법 알기	녹색성장
지구 마을 한 가족	국제협력의 개념과 필요성을 알고 국제 사회 문제에 동참을 호소하는 참여 활동 전개	국제협력
Up사이클링으로 환경 Up	쓰레기 처리의 어려움을 알아보고, 재활용품으로 제품을 생산 하는(업 사이클링) 활동하기	환경보전
난민에게 희망을	난민문제의 심각성, 발생원인, 고충 등을 알고 역할극을 통해 난민의 현실과 입장 이해하기	난민구호

❶ 커피 한 잔으로 세상 돕기

수업개요	현명한 소비에 대한 개념 정립을 통해 공정무역과 그 필요성 이해하기		
수업자료	컴퓨터, 참고 동영상	소요시간	2차시

1. 도입

- **생각열기**
  - 소비의 뜻과 나의 소비 습관 확인해 보기
- **학습목표 제시**
  - 현명한 소비와 공정 무역에 대하여 알 수 있다.

2. 전개

활동 1 **현명한 소비자 되기 (모의놀이)**
- 모둠을 구성하여 10,000원으로 할 수 있는 최상의 요리 정하기
- 가격, 생산지, 유통과정 등을 조사하고 재료 가상 구매하기
- 조별 구매한 재료, 요리 발표하고 동료평가하기
- 현명한 소비 생활을 위해 무엇이 필요한지 정리해 보기

활동 2 **공정 커피 무역 역할극하기**
- 커피가 우리 손에 오기까지 과정을 추측하여 역할극 만들기
- 조별 역할극 발표 및 커피의 실제 무역과정에 대한 동영상 보기
- 공정 커피 무역에 대해 전체 토의하기

3. 정리

현명한 소비자의 자세와 공정 무역에 대해 정리하기
- 액션플랜 및 성찰일지 작성을 통해 실천의지 다지기

TIP

조사활동 및 모의놀이를 원활하게 할 수 있도록 구조화된 학습지와 역할극 대본 작성을 위한 템블릿을 제공한다.

❷ 아름다운 지구를 지키라

수업개요	지구 온난화 원인과 피해 상황을 조사하고 생활 속 실천 방법 및 서약 활동 전개하기		
수업자료	영상자료, 컴퓨터, 실천 서약서	소요시간	4차시

1. 도입

- **생각열기**
  - 지구 환경 오염으로 인한 환경변화와 피해 생각해 보기
  - '북극의 눈물' 영상자료 시청하기

- **학습목표 제시**
  - 저탄소 녹색 성장의 중요성과 실천방안을 설명할 수 있다.

2. 전개

활동 1 지구 온난화의 피해 조사해보기
- 섬나라 투발루와 몰디브의 환경 난민 원인 알아보기
- 아프리카의 가뭄, 북극 빙하 감소 등 이상 기후 조사하기

활동 2 세계 각국의 저탄소 정책 조사하기
- 저탄소 녹색 성장이 필요한 이유 조사하기
- 세계 각국과 우리나라의 녹색성장 정책 알아보기

활동 3 생활 속에서 CO2를 줄이는 방법 토의하기
- 생활 속에서 일어나는 지구 온난화의 원인 찾아보기
- 모둠별로 3가지의 원인과 구체적인 해결방법 토의하기
→ 모둠별로 조사, 토의결과 및 실천방법 발표하기

3. 정리

녹색성장의 중요성을 알고 온실 가스 감소 실천하기
- 일상생활 속에서 온실 가스 줄이기 실천 서약서 작성하기

TIP

에너지 고소비형 우리나라 실정을 알려주고 CO2감소 노력뿐만 아니라, 재생에너지 생산을 위한 적극적인 노력까지 생각해 볼 수 있도록 한다.

③ 지구마을 한 가족

수업개요	국제협력의 개념과 필요성을 알고 국제 사회 문제에 동참을 호소하는 동영상 제작하기
수업자료	UN 마크, 스마트폰, 도화지 · **소요시간** · 4차시

1. 도입

- **생각열기**
  - 국제적 사건(테러, 전쟁 등)이 나에게 미치는 영향을 마인드맵으로 그려보기
  - '세계가 만일 100명의 마을이라면'을 통해 세계 속 문제 알아보기

- **학습목표 제시**
  - 국제협력의 개념과 필요성에 대해 알고, 우리가 할 수 있는 일에 대해 생각해 볼 수 있다.

2. 전개

> **활동 1** **지구촌 문제를 해결하라**
- 다양한 국제사회 문제(빈곤, 전쟁, 식량난 등) 제시하기
- 문제 해결을 위한 UN 모의 회의 진행(모둠별 나라 정하기)
- 문제별 프로젝트를 통해 구체적인 해결방안 구안하기
- 국제 협력의 필요성에 대하여 토의하고 정리하기

> **활동 2** **국제협력 동참 홍보 포스터, UCC 만들기**
- 다양한 지구촌 문제와 우리가 동참 할 수 있는 일 조사하기
- 지구 문제 해결에 동참을 호소하는 포스터, UCC 만들기
- 모둠별 학습결과물(포스터, UCC 등)를 발표하고 동료평가하기

3. 정리

지구촌문제 해결을 위해 국제협력의 중요성을 인식하고 내가 노력할 수 있는 일에 대해 생각해 보기(성찰일지쓰기)

TIP

국제협력에 관해 학생들이 공감할 만한 사례를 사용하는 것이 좋으며, 우리나라의 과거 빈곤했던 시절 이야기를 활용할 수 있다.

④ Up 사이클링으로 환경 Up

수업개요	쓰레기 처리의 어려움과 환경에 미치는 영향을 알고 자원 재활용을 통해 직접 제품을 만들어 보는 활동하기		
수업자료	폐품, 가위, 접착제 등	소요시간	4차시

1. 도입

- **생각열기**
- 주변에서 볼 수 있는 쓰레기 종류 이야기해 보기
- **학습목표 제시**
- 쓰레기 처리의 심각성을 알고 재활용 방법을 실천할 수 있다.

2. 전개

활동1 우리 모둠 폐품 없애기 프로젝트
- 준비한 폐품을 처리하는 방법과 분해 기간 조사하기
- 쓰레기 소각으로 발생하는 유해가스의 심각성과 썩지 않는 쓰레기가 환경에 미치는 영향에 대해 알아보기

활동2 업 사이클링(up cycling) 활동
- 모둠별로 폐품으로 만들 수 있는 물건 만들기 구상하기
- 잡동사니를 이용한 물건 만들기 체험하기(업 사이클링)
- 모둠별 업 사이클링 작품 발표 및 평가하기

3. 정리
- 활동 소감 발표하기, 활동 결과물(업사이클링 작품)전시하기
- 재활용의 중요성과 필요성을 다시 확인하고 다짐 글쓰기

TIP

업 사이클링 제품에 대한 다양한 예시를 소개하고 업 사이클링활동이 환경보호 이외에 빈민구제 등 다른 목적으로도 폭 넓게 사용되고 있음을 알게 한다.

❺ 난민에게 희망을

수업개요	난민문제의 심각성과 발생원인, 수용의 어려움 등을 알고 역할극을 통해 난민의 현실과 입장 이해하기
수업자료	뉴스자료, 시나리오, 이름표　**소요시간**　4차시

1. 도입

- **생각열기**
- 난민에 관한 떠오르는 생각 공유하기, 관련 뉴스 읽기　**읽기자료**

- **학습목표 제시**
- 난민의 현실과 입장을 이해하고, 난민 인권 보호를 위해 할 수 있는 일을 찾을 수 있다.

2. 전개

활동 1　**난민 발생의 원인과 어려움 조사하기**
- 난민이 발생한 원인과 난민이 겪는 어려움 조사해 보기
- 난민 입장과 이민국의 어려움 조사하기

활동 2　**난민 문제 역할극 만들기**　**활동지 1**
- 난민, 이민국 관리, UN 입장이 되어서 시나리오 만들기
- 난민이 제3국 입국 거부 장면을 역할극으로 만들어 발표하기

3. 정리　**활동지 2**

- 난민 관련 문제 정리해 보기
- 난민 문제 해결을 위한 할 수 있는 일 생각해 보고, 발표하기

4. 평가계획

평가 기준	평가방법
난민 관련 자료를 조사하여 난민이 처한 여러 가지 어려움을 이해하고 자료를 정리 할 수 있다.	보고서평가
난민 문제로 역할극에 만들어 발표할 수 있다.	동료평가 자기평가
난민 인권을 위해 할 수 있이 무엇인지 정리하여 말할 수 있다.	활동지

Q__다음은 난민에 관한 뉴스 기사입니다. 기사를 읽고 난민이 어떤 어려움에 처해 있는지 이야기 해 보세요.

전 세계를 충격에 빠뜨린 3살 시리아 난민 꼬마

터키 휴양지 보드룸 해변에 시리아 꼬마(3세)의 시신이 밀려와 세계를 충격 빠뜨리고 있다. 빨간색 웃옷과 반바지를 입고 엎드린 채 죽어있는 꼬마 난민의 모습은 난민이 어떤 어려움에 처해 있는지 단적으로 보여주고 있다.

꼬마의 이름은 에이란 쿠르디로 시기아 북부 코바니에서 살다 가족과 함께 그리스 코스 섬을 향해 떠나던 중 변을 당한 것이었다. 쿠르디의 가족은 이슬람국가(IS)와 쿠르드족의 전쟁을 피하기 위해 고향을 떠났으며, 터키에서 작은 보트를 타고 그리스로 피신하던 중이었다고 밝혀졌다.

그 작은 보트에 타고 있던 사람은 총 23명이었고 그중 12명이 숨진 것으로 알려졌다. 터키 난민 꼬마의 죽음이 소셜미디어를 타고 전 세계로 알려지면서 각 국 외신들은 "난민의 참상을 알려주는 강력한 사진이며 끔찍한 사건이다"라고 보도하며 쿠루디의 죽음에 대한 조의를 표했다. 올해만 해도 벌써 2500명이 넘는 난민들이 고향을 떠나 바다를 건너다 목숨을 잃거나 병에 걸려 죽는 참상을 겪고 있다. 그리고 무사히 바다를 건넌 난민들에게는 더 큰 험난한 여정이 기다리고 있다. 그들을 환대하며 받아줄 나라는 어디일까?

활동지 1 | **난민 문제 역할극**

세 계 시 민

• 조별로 난민과 관련된 역할극을 해 보세요.

역할극 주제	
줄거리 요약	
상황 설정 및 준비물	
역할 분담	

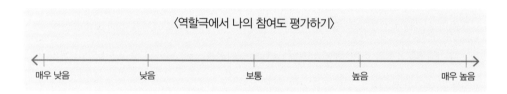

〈역할극에서 나의 참여도 평가하기〉

매우 낮음　　　낮음　　　보통　　　높음　　　매우 높음

• 역할극 발표를 보고 평가해 보세요.

조명	역할극에 대한 나의 의견				
	내용 완성도 (30)	연기 충실도 (40)	배역설정 소품 준비 (20)	협동 (10)	총점
A조 ( )					
B조 ( )					
C조 ( )					
D조 ( )					

Q___난민에 관한 친구들의 역할극을 보고 다음 문제에 대한 나의 생각과 의견을
자유롭게 써 보세요.

• 만약 내가 난민이라면 이런 상황에서 어떤 생각이 들었을까요?

_____

_____

• 난민의 인권이 침해당하고 있는 이유는 무엇 때문인가요?

_____

_____

• 난민을 잘 받아들이기 위해서 이민국에서는 어떤 문제를 해결해야 할 까요?

_____

_____

• 난민을 보호하기 위해서 내가 할 수 있는 일은 무엇일까요?

_____

_____

참고자료 및 출처

＊참고자료

• 강선보 · 박의수 · 김귀성 · 송순재 · 정윤경 · 김영래 · 고미숙(2008). 21세기 인성교육의 방향설정을 위한 이론적 기초 연구. 교육문제연구, 30, 1-38.

• 강인애, 정은실 (2009). 성찰저널 지닌 교육적 의미에 대한 탐구. 교육방법연구, 21(2), 93-117.

• 강인애, 김현미 (2014). 초 · 중등교사 대상 문화다양성 연수프로그램 시범사례 분석. 학습자중심교과교육학회, 14(2), 253-282.

• 강현석 · 주동범(2012). 현대 교육과정과 교육평가 2판. 서울: 학지사.

• 계영애 · 강정원(2001). 유아 인성교육을 위한 인성적 덕목과 교수 전략에 대한 교사들의 인식 연구. 유아교육학논집, 5(1), 55-75.

• 교육과학기술부(2010). 창의 · 인성 교육을 위한 평가방법 개선

• 교육부(2014). 성취기준에 근거한 전문교과 수행평가 매뉴얼

• 교육부(2015). 인성교육 우수 유치원(제3년차)의 우수사례(전북).

• 교육부(2015). 초등 인성교육 운영지침

• 교육부(2002). 중등학교 교육과정 해설서. 교육부.

• 교육부(2014). 인성교육 5개년 종합계획(안). 교육부 인성체육예술과

• 교육부(2015a). 사회 5-1 교사용 지도서. ㈜천재교육.

• 교육부(2015b). 국어 1-2 교사용 지도서. ㈜미래엔

• 교육부(2015c). 2015년 인성교육중심수업강화 정책. 교육부 교육과정정책과.

• 교육부 · 세종특별자치시교육청(2015). 2015 인성교육중심수업강화를 위한 컨설턴트 핵심교원 워크숍 자료집.

• 교육부 · 한국교육과정평가원(2014). 창의인성교육을 위한 학생평가 어떻게 할까요?

• 김동위(1993). 청소년의 인간화 교육. 서울 : 교육과학사.

• 김병찬(2012). 핀란드의 키바 코울루(KiVa Koulu) 프로그램 및 한국교육에 주는 시사점, 세계교육정책인

포메이션, 8, 한국교육개발원.

- 김순택(1982). 태도 및 가치관의 수업: 목표별 수업. 서울: 교육과학사. 261-286.
- 김왕동(2011). 창의인성교육의 근본적 해법. 과학기술정책연구원, 1-12.
- 김원중(2012). 한국 인성교육과 일본 유토리 교육 전개과정 비교. 교육이론과 실천, 22, 경남대학교 교육 문제연구소
- 김용조(1999). 초등교사의 인성적 자질에 관한 연구. 논문집, 34, 429-458.
- 김은수(2007). 초등도덕과에서 인성교육 실천방안에 관한 연구, 제주교육대학교 교육대학원 석사논문
- 김일환(2011), 초급장교 리더십 교육체계 개선방안에 관한 연구, 아주대학교. p. 12-14. p. 35
- 김정환·권향순(2010). 구성주의적 평가관에 따른 역동적 평가의 원리와 적용방안. 교육평가연구, 23(3), 547-567.
- 김진규(2002). 교육과정과 교육평가. 서울: 동문사
- 김현미(2015). 융합인재교육에서 반성적 실천 역량 함양을 위한 가지평가활동 모형 개발, 박사학위 논문, 경희대학교
- 김현수(2005). 학생 인성평가 도구 개발을 위한 탐색적 연구. 도덕윤리과교육, 21, 283-306.
- 김희경·박상욱·박종임·정연준(2014). 창의인성교육을 위한 학생평가 어떻게 할까요?. PIM 2014-7. 한국교육과정평가원.
- 남궁달화(2003). 교과를 통한 인성교육. 한국실과교육학회 하계학술대회논문집.
- 노명완(1991). 국어교육. 정범모 편. 교육난국의 해부. 서울: 나남출판. 271-298.
- 노순규(2013), 『인성교육의 사례와 방법』, 한국기업경영연구원. p. 57-61
- 대한설비건설협회(2010), 멘토링제도 운영으로 인성교육 강화, 이론·실무 겸비한 설비기술인 양성의: 용인송담대학 건축·소방설비과. p. 83-87
- 문용린 외(2011). 배려와 나눔을 실천하는 창의인재 육성을 위한 창의·인성교육 활성화 방안 연구. 한국과학창의재단 정책연구 2009-019.

- 문용린(1997). "인성 및 시민교육: 교육내용과 방법적 원리의 재개발". 한국교육개발원 창립25주년 학술 대회자료집. 403-425.
- 문용린 외 (2011). 창의·인성교육 활성화 방안 연구, 한국과학창의재단.
- 박병량(1997), 학급경영, 서울, 학지사
- 박성미·허승희(2012). 청소년용 통합적 인성 척도 개발. 아동교육, 21(3), 35-47.
- 박영태(2002). 창의적 인성교육 프로그램 개발. 지방교육경영, 7, 235-264.
- 박창오, 주병완 역(1998), 인직 교육론, 시울, 배인사
- 박창언 외(2014). 인성교육중심수업강화를 위한 교수·학습 자료 개발. 교육부·세종특별자치시교육청.

- 백현정,최미례,김용주(2010), 『(집단상담기법을 활용한)군 인성교육 프로그램 핸드북』, 황금알. p. 14-15
- 서민철(2012). 인성교육의 윤리학적 기초로서의 덕윤리. 학습자중심교과교육학회, 12(3), 217-241.
- 서울특별시교육연구정보원(2010), 다양한 문학체험을 통한 자아정체성 확립: 2010년 바른인성교육 실천사례 연구발표대회 보고서. p. 6-46
- 성태제(2009). 교육평가의 기초. 서울: 학지사.
- 손경원 · 정창우(2014). 초 · 중 · 고 학생들의 인성 실태 분석 및 인성교육 개선 방안 연구. 윤리교육연구, 33, 27-52.
- 소흥렬(1991). 도덕교육. 정범모 편. 교육난국의 해부. 서울: 나남출판, 327-346.
- 신창호 · 석창훈(2014). 서번트리더십 함양을 토대로 한 청소년 인성교육 내실화 모형 탐색. 한국교육학연구, 21(3), 153-173.
- 심미향(2004). 학교 인성교육의 의미와 실천에 대한 고찰, 연세대학교 정경대학원 석사논문
- 안범희(2005) 미국 학교에서의 인성교육 내용 및 특성 연구. 강원인문논총
- 안병희(2005). 미국 학교에서의 인성교육 내용 및 특성연구. 인문과학연구, 13, 133-169
- 양승실(2011). 창의적 체험활동을 통한 인성교육활성화 방안. 한국교육개발원.
- 양재혁 · 박제일 · 임승환 · 김택호(2004). 창의적 인성검사 개발을 위한 예비연구. 상담학연구, 5(2), 277-293.
- 염철현(2012). 미국 초 · 중등학생의 「학업적, 사회적, 감성적 능력 함양을 위한 학습법」 소개 및 한국교육에 주는 시사점. 한국교육개발원 연구보고서 CR2012-01-4
- 오수길 · 곽병훈(2013). 질적 평가의 해외 사례 분석과 시사점. 한국비교정부학보, 17(3), 273-296.
- 유병열(2008). 도덕교육론. 양서원.
- 유병열 · 김남준 · 정창우 · 김봉제 · 박영하 · 정병석 · 조석화(2012). 인성교육의 체계화 연구. 서울특별시교육연구정보원.
- 이경희,방은령(2011), 대학생의 우울과 자기효능감이 대인관계성향에 미치는 영향, 한국비교정부학보. p. 2
- 이광희(2007). 평가방법론 측면에서 본 정부업무평가. 행정논집, 45(4), 253-273.
- 이돈희(2002). 도덕성 회복과 교육. 교육과학사.
- 이명준 · 진의남 · 서민철 · 김정우 · 김병준 · 박혜정 · 이주연(2011). 교과교육과 창의적 체험활동을 통한 인성교육 활성화 방안. 경제 · 인문사회연구회 협동연구총서, 11-18-01.
- 이성영(2007). 구성주의 읽기 평가의 내용과 방법. 독서연구, 18, 127-155.
- 이성호(2014). 미국 학교 인성교육의 동향과 시사점. 한국교육, 41(3), 35-59
- 이춘식(2012). 미국 STEM 교육의 최신 동향과 딜레마. 한국실과교육학회지, 25(4), 101-122.
- 이현옥(2005). 중학교 인성교육 실태분석에 관한 연구, 강원대학교 교육대학교 석사학위논문

• 장성모(1996). 인성의 개념과 인성교육. 한국초등교육학회 창립 10주년 학술세미나. 한국초등교육학회.

• 정범모(1992). 인성 검사 요강. 서울: 코리안테스팅센터.

• 정진현 (2010). 초등 발명영재 판별을 위한 관찰 평가 기준 개발 연구, 한국실과교육학회지, 23(3), 199-219.

• 정창우(2013), 『도덕과 교육의 이론과 쟁점』, 울력. p. 93-94

• 정창우(2013). 사회정서학습의 이론 체계와 도덕교육적 함의

• 정창우(2015). 인성교육의 이해와 실천. 파주: 교육과학사

• 정창우 · 손경원 · 김남준 · 신호재 · 한혜민(2013). 학교급별 인성교육 실태 및 활성화방안. 교육부

• 정해은(2006). 실업교육의 마그넷 스쿨 지원모형. 경상대학교 교육대학원 석사학위논문.

• 조난심(1997). [토론원고] 인성 및 시민교육: 교육내용과 방법적 원리의 재개발. 한국교육개발원 창립25 주년 학술대회자료집, 426-431.

• 조난심(1997). 한국 교육의 신세기적 구성. 서울: 한국교육개발원.

• 조난심 · 문용린 · 이명준 · 김현수 · 김현지 · 이우용(2004). 인성평가 척도 개발을 위한 기초 연구. 한국교육과정평가연구원 연구보고 CRC 2004-4-14.

• 조복희 외(1993), 인간발달, 서울, 교문사

• 조연순 · 김아영 · 임현식 · 신동주 · 조아미 · 김인정(1998). 정의교육과 인성교육 구현을 위한 기초연구 1. 교육과학연구, 28(1), 131-152.

• 지은림 · 이윤선 · 도승이(2014). 인성측정도구 개발 및 타당화. 윤리교육연구, 35, 151-174.

• 차봉준(2015), 대학 인성교육의 방향 설정과 활성화를 위한 시론, 대동철학회. p. 26

• 천세영 · 김왕준 · 성기옥 · 정일화 · 김수아(2012). 인성교육 비전 수립 및 실천방안 연구. 교육과학기술부 정책연구, 2012-41

• 최준환 · 박춘성 · 연경남 · 민영경 · 이은아 · 정원선 · 서지연 · 차대길 · 허준영 · 임청묵(2009). 인성교육의 문제점 및 창의 · 인성교육의 이론적 고찰. 창의력교육연구, 9(2), 89-112.

• 추병완(2012). 싱가포르의 국가 정체성 교육 기제에 관한 연구, 도덕윤리과교육, 35, 2012.

• 한국교육개발원(2004). 인성교육. 서울: 문음사.

• 한국교육과정평가원(2011a). 교과 교육과 창의적 체험활동을 통한 인성교육 활성화 방안 세미나 - 도덕과의 인성교육의 분석 및 활성화 방안. 한국교육과정평가원 연구자료 ORM 2011-58. 한국교육과정평가원.

• 한국교육과정평가원(2011b). 교과 교육과 창의적 체험활동을 통한 인성교육 활성화 방안 세미나 - 국어과 교육을 통한 인성교육 활성화 방안. 한국교육과정평가원 연구자료 ORM 2011-58. 한국교육과정평가원

• 한국교육과정평가원(2012). 인성교육 실현을 위한 교육과정 개정 시안 공청회.

- 한국청소년정책연구원(2012), 학교규칙과 학생자치활동을 통한 인성교육 실천 방안_학술대회 및 우수사 례 발표대회. p. 61-78

- 한유경 외(2012), 인성교육 강화를 위한 학교문화 선진화 방안 연구, 한국교육개발원. p. 69-70

- 허숭희(1998). 초등학교 현장의 인성교육 프로그램 분석. 초등교육연구, 12.

- 현주 외(2009). 학교 인성교육 실태분석 연구. - 중학교를 중심으로 -. 한국교육개발원.

- 현주 외(2014). 초중등 학생 인성 수준 조사 및 검사도구의 현장 활용도 제고방안 연구. 한국교육개발원 수탁연구 CR 2014-39

- 현주 · 임소현 · 한미영 · 임현정 · 손경원(2014). KEDI 인성검사 실시요강. 연구자료 CRM 2014-111. 한국교육개발원.

- 홍수정(2012). 질적 평가, 어떻게 할 것인가?: '질'적 자료 확보의 문제. 행정언어와 질적연구, 3(1), 21-46.

- 홍순정 외(2013), 『전생애 인성교육』. 양서원. p. 73-74, p. 155

- Berkowitz, M. W. (2007). What works in character education. Journal of Research in Character Education, 5(1), 29-48.

- Blasi, A.(2005). Moral character: A psychological approach, In D. Lapsley and C. Power(ed.), Character psychology and character education. Norte Dame: University of Notre Dame Press.

- Cooley, A. (2008). Legislating character education: moral education in North Carolina's public schools. Educational Studies. A Journal of the American Educational Studies Association, 43(3), 188-205.

- Dewey, J.(1899). The School and the Society. Jo Ann Boydston(ed.), John Dewey : The Middle Works 1899-1924 Vol.1, 3-103. Carbondale: Southern Illinois University Press.

- Greenberg, M. T., Weissberg, R. P., O'Brien, M. U., Zins, J. E., Fredericks, L., Resnik, H., & Elias, M. J. (2003). Enhancing Schhol-based Prevention and youth Development Through Coordinaed Social, Emotional, and Academic Learing. American Psychology, 58(6/7), 466-474.

- Hoge, J. (2002). Character education, citizenship education, and the social studies. Social Studies, 93(3), 103-108.

- Kohn, A.(1998). How not to teach values : A critical look at character education. PHI DELTA KAPPAN, 78(6), 428-439.

- Larry P. Nucci, Darcia Narvaez(2008). Handbook of Moral and Character Education 19(eds). Davidson, M., Lickona, T., & Khmelkov., V. Smart & Good Schools: A New Paradigm for High School Character Education. 370-388.

- Lickona, T.,(1991). Educating for Character, NY: Bantam Books.

- Lickona, T.,(1993). The Return of Character Education. Education Leadership.

- Lickona, T, & Davidson, M .L.,(2005). Smart and good schools: a new paradigm for high school character education, Washington DC: Character Education Partnership.

- Nucci L. (2008). Effective Character Education. A guide book for future educators; Mcgraw-Hill.

- Pearson, Q., & Nicholson, J.,(2000). Comperhensive character education in the elementary school. Journal of Humanistic Counseling, 38(4), 243-251.

- Peterson, C.,& Seligman, M.(2004). Character strengths and virtues: A handbook and classfication, NY: Oxford University Press.

- Sojourner, R. J.(2012). The Rebirth and Retooling of Character Education in America. McGraw-Hill Research Foundation Research Report. Retrieved August 22, 2014, from www.character.org/wp-content/uploads/Character-Education-pdf.

- Spranger, E.(1957). Der geborene Erzieher. 김재만 역(1976). 천부적인 교사. 서울 : 배영사.

- U.S. Department of Education(2008). Partnerships in character education state pilot projects, 1995-2001. lesson learned.

- Wiggins, G. (1998). Educative Assessment. San Francisco: Jossey-Bass.

＊사이트
- 인성교육범국민실천연합 : http://www.insungedu.or.kr/
- 대한민국 국방부 홈페이지, 국방일보. 이영선기자. 2015.03.03
- 대한민국 국방부 홈페이지, 국방일보. 이영선기자. 2015.02.16
- 대한민국 국방부 홈페이지, 국방일보. 이영선기자. 2015.03.03
- 미디어펜, 류용환 기자. 2015.07.01. 14:10:52
- 서곳중학교 홈페이지 : seogot.icems.kr
- 서울여자대학교 공식블로그 : blog.naver.com/seoul_womens
- 서울여자대학교 바롬인성교육원 홈페이지 : home.swu.ac.kr/bahrom
- 아이사랑 유치원 홈페이지 : www.isarangkid.com
- 한라초등학교 홈페이지 : www.halla.es.kr

10대 덕목 중심의
인성교육의 이론과 실제

초판 1쇄 인쇄 2017년 8월 2일
초판 1쇄 발행 2017년 8월 14일

지은이 김현미 · 장준걸 · 안진석 · 홍지연 · 박예린 · 신재한
발행인 송정현
발행처 (주)애니클래스
기획 · 편집 최종삼
디자인 황수진

주소 서울특별시 금천구 가산디지털1로 19 대륭테크노타운 18차 803호
도서구매문의(연락처) 070-8610-5350

출판신고일 2015년 8월 31일
등록번호 제2015-000072호

ISBN 979-11-957733-6-7 03300

이 도서의 국립중앙도서관 출판시도서목록(CIP)은 서지정보유통지원시스템 홈페이지
(http://seoji.nl.go.kr)와 국가자료공동목록시스템(http://www.nl.go.kr/kolisnet)에서
이용하실 수 있습니다. (CIP제어번호: CIP2017016535)